使命与旋律

华南理工大学企业家校友纪事

王丹平 主编

华南理工大学出版社
·广州·

图书在版编目（CIP）数据

使命与旋律：华南理工大学企业家校友纪事/王丹平主编. —广州：华南理工大学出版社，2016.6

ISBN 978-7-5623-5100-9

Ⅰ.①使… Ⅱ.①王… Ⅲ.①企业家-生平事迹-中国-现代 ②华南理工大学-校友-生平事迹 Ⅳ.①K825.38

中国版本图书馆CIP数据核字（2016）第248184号

使命与旋律：华南理工大学企业家校友纪事
Shiming Yu Xuanlü : Huanan Ligong Daxue Qiyejia Xiaoyou Jishi

王丹平 主编

出 版 人：卢家明
出版发行：华南理工大学出版社
（广州五山华南理工大学17号楼，邮编510640）
http://www.scutpress.com.cn E-mail: scutc13@scut.edu.cn
营销部电话：020-87113487 87111048（传真）
责任编辑：谢茉莉
印 刷 者：广州星河印刷有限公司
开 本：787mm×1092mm 1/16 印张：11.25 字数：218千
版 次：2016年6月第1版 2016年6月第1次印刷
定 价：38.00元

版权所有　盗版必究　印装差错　负责调换

编委会

主 编：王丹平

参 编：柯 宁　刘 涛　徐培木
　　　　张 丽　祝和平　孙宏志
　　　　周 玉　王功敏　李伟群
　　　　卢庆雷　王云昀　许 颖
　　　　吴夏曦　张 薇　臧江江
　　　　魏劲平

序言
PREFACE

置身华园，驻足凝思，放眼望去，那经过历史浸润的楼廊，那波光潋滟的湖水，那蕴藏在一草一木中的韵味，无不透露着华园的广博和深邃。成长在这片沃土上的万千学子，胸怀爱国之心，勇担兴国之责，奔赴大江南北引吭高歌，建功立业，用青春谱写出华丽的乐章。

1952年建校初期，作为全国四大工学院之一的华南工学院（1988年改名华南理工大学），肩负着为新中国工业建设输送专门人才的重任。六十多年来，不计其数的优秀企业家校友从这里出发，演绎了或平淡温暖或惊心动魄的故事。他们在校时勤学苦练，深受科学务实精神的浸润和厚重人文底蕴的感染，在完善知识体系的同时，更收获了严谨的学习态度、缜密的思维方式和永不言败的拼搏精神。步入社会后，他们将在学校汲取的知识营养和锻造出的优秀品格转化为冲破艰难险阻的利器，争当国家战略和产业发展排头兵，助力民族伟大复兴。

在华南理工大学企业家校友身上，追求卓越的理想抱负、心系天下的家国情怀如影随形，这是一种使命、一种担当，也是一种力量。带着这种力量，他们在社会和经济大潮中去思考、去实践，一步步从羽翼初生的雏鹰，蜕变为翱翔千里的鲲鹏；带着这种力量，他们将实业兴邦中的苦恼、激情和喜悦，演绎成一曲曲慷慨激昂的动人旋律；带着这种力量，他们充分释放内心蓄积的能量，轰轰烈烈把生命的光亮绽放到极致。企业家校友们展现出来的优秀品行在华园里口口相传，渐成佳话，无形中影响着一代代年轻学子的思想和行为，使之形成更强的凝聚力和归属感，成为新时期学子们铿锵前行的力量源泉……

王丹平

2016年5月

目录

001　第一章　使命召唤　旋律奏响

共和国建立之初，华南工学院应运而生。自第一场开学典礼起，它便注定肩负向新中国输送建设人才的历史使命。一段充满艰辛与曲折、梦想与荣耀的旋律拉开序幕。

第一节　百废待兴建国初　黉校肇启广求贤　/ 003
第二节　改革开放复高考　宵旰攻苦跃龙门　/ 009
第三节　桃李芬芳遍神州　名校气质显风骨　/ 013

019　第二章　博学慎思　笃志不倦

莘莘学子，"学"字为本。即使告别了课堂和母校，出众的学习能力依然是华南理工人的制胜法宝。终身学习、勇于创新、与时俱进，是他们长期笃信的行为准则。

第一节　好学善问从名师　青出于蓝胜于蓝　/ 021
第二节　学以致用勇创新　与时俱进领潮流　/ 029
第三节　不甘安享功劳簿　综合办学筑新宇　/ 036

047　第三章　坚韧不拔　淬火成钢

打铁还需自身硬。虽然创业之路布满荆棘，但刻苦、充实的大学生活已经赋予华南理工毕业生独立健全、坚韧不拔的人格，使他们有能力、毅力和魄力冲破险阻，实现梦想。

第一节　强者魄力何处寻　只缘求学华园中　／049
第二节　穷且益坚不言败　逆境更长青云志　／054
第三节　敢舍敢弃破旧局　有胆有识圆新梦　／061

069　第四章　理工精神　专注务实

注重科学、作风严谨、专心致志，将企业发展立足于科学研究和技术开发。理工科高等教育培育出的特有品质让他们鹤立鸡群，用工业精神支撑起一片不一样的天空。

第一节　漫漫科教兴国路　工业精神播心田　／070
第二节　心无旁骛从初心　坚守专业得始终　／079
第三节　技术制胜脱颖出　平凡行业创非凡　／083

089　第五章　人文情怀　刚柔相济

虽是理工科学生，却也博阅文史，不失人文气质。他们兼怀开阔的智者视野与诗歌般的人文情怀，向社会传播思想，以人格魅力提升企业文化，增强企业的综合实力。

第一节　文史为镜兴变革　企业文化积底蕴　／091
第二节　慈乌反哺办教育　师者之德传思想　／098
第三节　回馈社会献爱心　仁者之风暖人间　／105

113　第六章　战略眼光　深谋远虑

一流大学不以传授知识为唯一目的，它还教学生观察世间万物的变化和规律，筑造思想体系。这样的教育观赋予学生前瞻力和大局观，助他们在市场洪流中走在时代的前端。

第一节　瞄准产业最前端　跟着世界需要走　／115
第二节　新兴市场藏商机　捷足先登拔头筹　／119
第三节　白手起家有方圆　聚沙成塔成佳话　／123

129　第七章　科技兴邦　强我中华

他们撑起了民族工业的脊梁，敢于挑战尖端技术，冲击国际老牌厂商的垄断地位。他们奔着一个最为远大的使命，那就是爱国、报国、强国，天下为先。

第一节　铭记校史图报国　烽火史迹常在心　／131
第二节　核心技术不求人　自主研发腰杆直　／136
第三节　国际市场攻坚战　中国制造唯自强　／141

151　第八章　心牵红楼　梦绕木棉

华园情深，芳草犹忆。纵使沧海桑田，不变的是对母校的眷恋和牵挂，而校友身上的创业精神已融入母校的血脉，在毕业生身上代代相传。他们是践行者与成功者，也是感恩者。

第一节　饮水思源忆恩情　慷慨解囊助母校　／152
第二节　重访华园续书缘　回首长路论人生　／157
第三节　创业基因驻血脉　青年才俊谱新章　／161

167　后记

共和国建立之初,华南工学院应运而生。自第一场开学典礼起,它便注定肩负向新中国输送建设人才的历史使命。一段充满艰辛与曲折、梦想与荣耀的旋律拉开序幕。

第一章 使命召唤 旋律奏响

1954年10月1日上午，距刚刚组建的华南工学院成立不到两年，石牌校区的1000余名师生排起长队，奏响乐曲，满怀期待地前往广州越秀山，参加中华人民共和国成立五周年国庆庆典。

越秀山上的礼炮声响彻羊城上空，同时也向广大师生宣告：中华民族获得真正独立的第六个年头已经开始。

生活在今天，当国家、民族的独立自主以及人们物质、精神生活的极大丰富已经成为常态，我们很难完全体会到五周年国庆时华南工学院师生心中那种全新的光荣感与使命感，因为其中不仅包含着中华振兴、我辈担当的决心与期待，也包含着任重道远的艰辛与忐忑。

对于那些1954年入学的新生来说，这种心情显得更加复杂，甚至带着一层厚厚的沉重。1954年夏秋之交起，长江中下游区域暴发了百年不遇的特大洪灾。许多准备到华南工学院学习的新生从中国中东部地区或者北方的省份出发，前往广东报到。由于南北交通大动脉粤汉铁路（今京广铁路南段）被洪水阻断，他们中的不少人需要绕道而行，或者换乘火车以外的交通工具。

报到之路充满了辗转和辛酸。有同学后来撰写文章，在文中清晰地回忆，当年乘船通过灾区，目睹"洪涛肆虐、浊浪拍岸，良田屋宇尽成泽国"，痛心之余，他们切身体会到国家建立初期遭遇的困境，体会到国家在科技和经济方面的落后，体会到这种状况亟须年轻一代来改善和建设。

然而，与这层沉重相比，他们心中燃烧着的希望要更加强烈。在同龄人中，他们是少数有机会前往华南工学院读书的天之骄子。那时候，年轻的他们不知道什么叫作创业创新，不知道这所大学里将会涌现出怎样的一批创业者，改变珠三角地区乃至全中国的经济面貌，但他们知道：这里是国家为了培养科技工程人才而设立的全国四大工学院之一，是一座勇担使命，致力于科技兴国的高等学府。

1952年，也是我国第一个五年计划实施前期，华南工学院在即将进行的国民经济大规模建设中应运而生。自组建之日起，它就与祖国的命运紧密联系在一起，与新中国同发展、共进步。每一个毕业季，它都为社会主义建设事业输送一大批人才，他们中的许多人成长为工程师、企业家和各行各业的建设者，以华南理工人特有的方式为国家和民族作出自己的贡献。

数十年来，在美丽的华园中，致远石宁静地守护着这片沃土。红了砖瓦，绿了年华，一届又一届年轻人在这里驻足，从这里告别，又有朝一日回到这里"忆往昔峥嵘岁月稠"。伴着校园的建设和拓展，华园的容颜日新月异，但它对祖国的深情，对世界一流大学的追求始终如一。

在校园外，是一群群毕业多年却锐志不减的校友，用实业成绩为母校光耀门楣；在校园内，是一批批稚气未消却已然满怀抱负的学子，用勤学苦练与理想为母校延续血脉。创先争优"标杆工程"、学风建设"卓越工程"、学术创新"百步梯攀登计划"、"岭南追梦"行动……母校为他们构建了更加符合人才成长规律的新时代育人体系，更为他们的发展助一臂之力。

如今，"厚德尚学、自强不息、务实创新、追求卓越"的华南理工大学精神，伴随着"大众创业、万众创新"的时代强音，为华南理工人注入了更加新鲜、更加丰富的血液。他们学问扎实、性格坚韧、态度专注、文理兼通、志存高远、爱国报国的品格潜移默化地流淌在血液中，深远、持久、代代相传。

第一节
百废待兴建国初　黉校肇启广求贤

探寻华南理工大学的历史源头，最早可溯至 20 世纪初。在那个风雨飘摇的年代，救亡图存的呐喊使积贫积弱的中华民族深刻地认识到，工业对于国家的发展尤为重要。在实业救国浪潮的席卷下，各种以培养工业技术人才为目的的学校应运而生。肩负着兴教救国的使命，华南理工大学的各个源头也得以诞生和发展。

1924 年 8 月 13 日，华南理工大学源头之一——国立广东工业大学建立，孙中山先生曾经专门指示办学宗旨："大学之旨趣，以灌输及讨究世界日新之学理、技术为主，而因应国情，力图推广其应用，以促社会道义之长进，物力之发展副之。"这里明确提出了大学在科学研究和服务社会上的重要作用，表达了对科学教育、技术教育的重视，主张学生学习先进的科学理论和生产技术，迎头赶上世界潮流。

1949 年，中华人民共和国成立，对于新中国的建国方略和发展方针，毛泽东在 1945 年的中国共产党第七次全国代表大会上表述为："在新民主主义政治条件获得之后，中国人民及其政府必须采取切实的步骤，在若干年内逐步地建立重工业和轻工业，使中国由农业国变为工业国。"1949 年 9 月通过的《中国人民政治协商会议共同纲领》中规定了国家的基本任务是进行新民主主义建设，并规定了新中国成立后，发展新民主主义经济，稳步变农业国为工业国的战略目标，并在 1954 年《宪法》中予以确认。

与此形成鲜明对照的是，国家实现工业化、现代化的人才依旧紧缺。1949 年，全国 80% 以上的人口是文盲，全国共有高校 205 所，在校生 117 000 人，大学毕业生占总人口比率仅为0.034%，其中直接服务于工业化发展的工科院校仅有28所，占全部高校的13.7%，工科学生共计30 320人，占学生总数25.9%。文科类院校共59所，共计53 323人。

周恩来在第一次高等教育会议上指出："现在我们国家的经济正处在恢复阶段，需要人'急'，需要才'专'，这是事实。"在1951年8月他又提出："人才缺乏，已成为我们各项建设中最困难的问题……只要我们的工作开展了，中国的知识分子就不是太多，而是太少了。任何一个部门工作一开展，马上就会提出专门人才、技术人才不够的问题……拿我们明年的工业建设计划来说，短缺的人才就不是几千几万，而是一二十万技术人员和熟练工人。"

缺乏可靠的科学技术人才是新中国恢复经济和发展生产所面临的一个严重问题。1949年10月中央财政经济委员会主任陈云告诉苏联大使罗申，恢复国民经济的一个重大障碍是缺少懂专业而又忠于人民政府的技术干部。

国家对于人才的渴望愈见紧迫，而院校规模严重不足和结构不合理的局面远不能适应国家发展新形势的需要。随着国民经济的恢复和发展，国民经济的第一个五年计划制定与实施在即，高等教育发展与社会主义建设之间的矛盾日渐显著，尤其

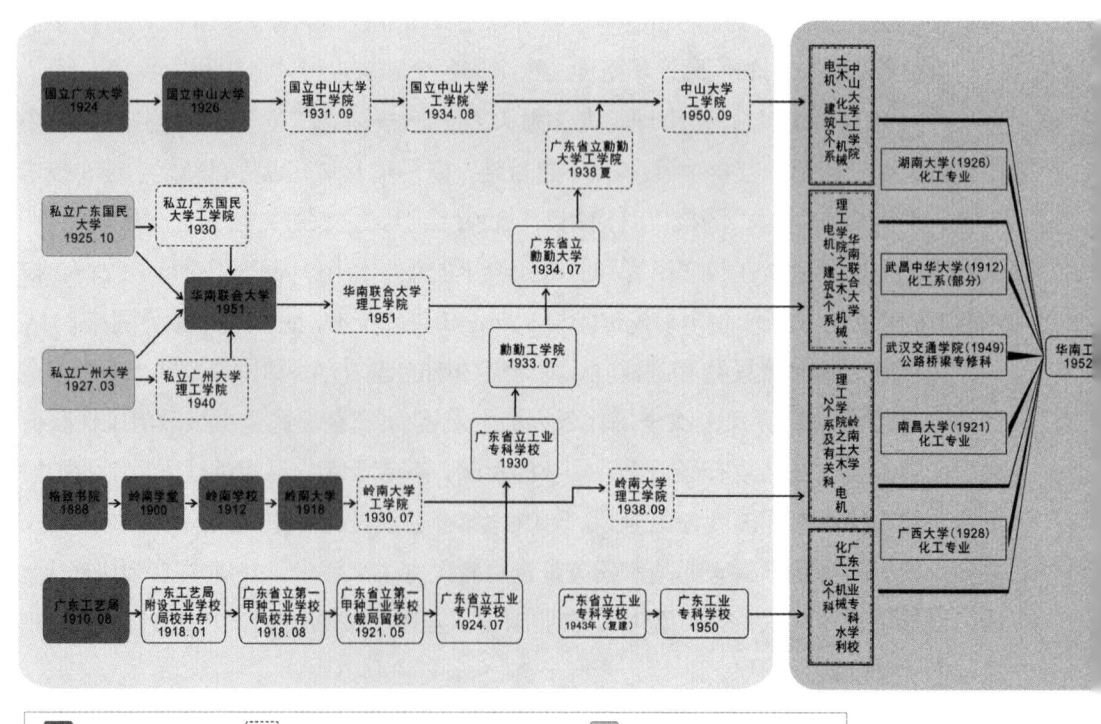

图解华南理工大学历史沿革

是工程教育的发展已经不适应国家工业化发展的战略要求。在这样的背景下，我国开始筹备全国性的院系大调整：北京、上海、天津、武汉及广州等五座城布点分设综合大学与工科院校各一所，华南工学院即为其中之一，当时被定位为工科院校。

中华人民共和国成立初，这一大手笔的组建如同吹响了冲锋号，发出使命的召唤。

1951年11月30日，中央人民政府政务院第113次政务会议批准了《全国工学院调整方案》，其中第二条第8项规定：将中山大学的工学院、华南联合大学的工学院、岭南大学工程方面的系科及广东工业专科学校合并成为独立的工学院。上述4院校成为华南理工大学办学的基础院校，亦即其办学基本源头。

此外，又将南昌大学、湖南大学、广西大学、交通学院（汉口）、中华大学（武昌）等5院校的化工等工科系科整合进华南工学院。学校组建初共有机械、电机、化工、土木、建筑与水利等6个工程系15个专业。此时，华南工学院成为当时中南区规模最大的多科性独立工学院，尤其是化学工程系，几乎集中了全中南的

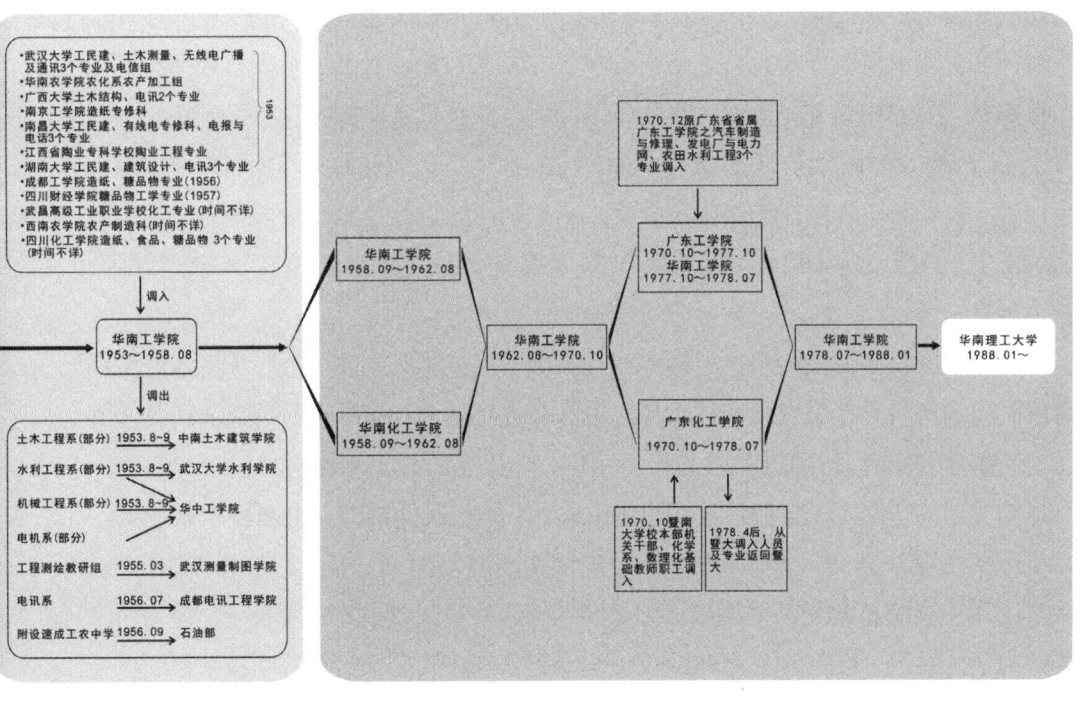

学校沿革图

师资和设备力量。1952年年底至1957年间，又有华南农学院、武汉大学工学院、武汉高级工业职业学校、南京工学院、江西省陶业专科学校、西南农学院、四川财经学院、四川化学工业学院及成都工学院等9院校的相关专业并入华南工学院。

在广东省，国立中山大学工学院院长罗明燏带领方棣棠、陈伯齐、李敦化、罗雄才、余仲奎、余蔚英等教授，加入土木、水利、化工、建筑、电机、机工等系科；岭南大学教务长冯秉铨与理工学院院长陈永龄带领周履、陆能源、邝矶法、朱士宾、桂铭敬等教授，与后起之秀陈达明讲师一同加入机电、土木系科；华南联合大学理工学院院长徐学澥带领黄适、陈锦松、黄禧骈、邓锡俊、梁绰余、梁恒心、莫锦桐等教授，加入机电、土木等系科；广东省立工业专科学校代校长李奏平带领学校师资团队，加入化工、机械、水利等系科。

与此同时，广东省外的学术强援也接踵而至，湖南大学代校长康辛元带领童凯、童子铿、龚绍熊、洪道揆、方乘、龙康侯、邓颂九、龙惕吾等教授加入化工、机电、土木等系科；广西大学化工系主任、校工会主席誉文德带领杨倬、杨家智、肖达文、李子祥、谭颂献等教授，南昌大学王宗和率后起之秀刘振群、陈嘉翔等，交通学院（汉口）公路桥梁专科、中华大学（武昌）化学系等先后加入华南工学院。

加入华南工学院中的不少人，不论是专职教授还是兼职教授，都有在多所院校任职的经历。此前在湖南大学化工系任助教的谭盈科回忆：全系师生员工听到从武汉开会回来的王汉琨老师传达并入华南工学院的国家方针时，都表示衷心地拥护，无条件服从。10月中旬便将湖南大学化工系的所有仪器设备、图书资料装好箱，10月20日包了从长沙到广州的几列火车车厢，全系师生员工南迁到了广州石牌原中山大学旧址——即将宣告成立的华南工学院。同学们到的当天便按年级很快分配好了宿舍。图书、仪器设备分别归类到了图书馆、实验室。一切井然有序，工作效率之高，实为罕见。

组建来的众多院校的系、科和专业，其历史大多悠久、底蕴浓厚，学术流派和办学背景丰厚各异，呈现出衣钵相传、多脉并进又融合相依的学科特色。在此基础上，新组建的华南工学院形成了以轻工为主、化工见长的学科特色。

新组建的华南工学院校址设在原中山大学石牌校区西南部，总面积5000多亩，后实际使用约3033亩，校园总面积在当时居全国前列。1951年，罗雄才在出任中山大学工学院副院长期间，主持拟订了《广州地区筹设工学院基本草案》，为华南工学院组建提供了可行的蓝图。1952年10月7日，广东省广州区高等学校院系调整委员会正式发函，通知成立华南工学院筹备委员会：罗明燏任主任委员，陈永龄、罗雄才、徐学澥任副主任委员，冯秉铨、桂铭敬、李敦化、黎献勇任委员。同年10

月13日，华南工学院筹备委员会张贴第1号布告，宣告即日起成立华南工学院筹备委员会并开展工作。从10月中旬至11月中旬，筹委会进行了紧张的筹备工作，基本上完成了各方面的合并、组建任务，决定于1952年11月17日举行首届开学典礼，翌日正式上课。

1952年11月17日上午，华南工学院体育馆外彩旗飘扬，600余名教职工、2800多名学生满怀着激动的心情在体育馆内隆重集会，庆祝首届开学典礼。经历战火纷飞和社会变革洗礼后的老校园焕发出了新光彩，一颗高等教育的新星从这里冉冉升起——华南工学院正式成立。

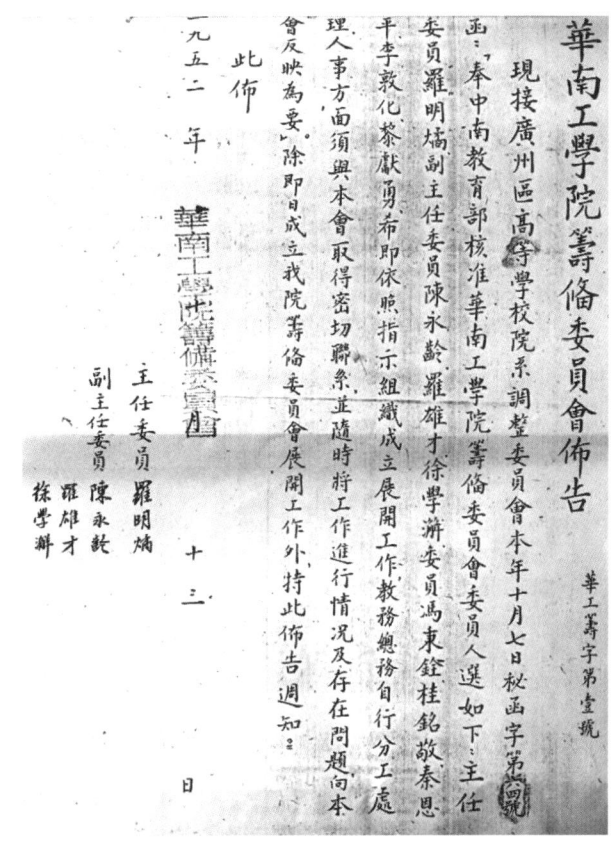

华南工学院筹备委员会的第1号布告（华工筹字第1号），宣告成立华南工学院筹备委员会并开展工作

筹委会在会上提出："在过去国民党反动统治时期，教育是封建、买办、法西斯的教育，学校本身就是反动投机的，是为少数剥削阶级服务，为封建地主、官僚资产阶级、帝国主义服务的，它不能不是没落的东西。而新民主主义的教育是马列主义毛泽东思想领导的有社会主义、共产主义前途，蓬蓬勃勃有如旭日初升。现在，我们国家要实行工业化，各部门就需要有高度政治觉悟的科学技术人才，这个光荣巨大的使命就落在华南工学院的身上。"在这样的气氛中，在场的师生心情激动，心驰神往地想象着未来的美好。

作为学校校史上具有重要历史意义的一天，11月17日被确定为校庆日。

此刻的华南工学院就像蓬勃怒放的木棉，耸立南天。校址设在祖国南方名城广州，"南大门"得天独厚的地理环境，为学校教学、科研的发展提供了肥沃的土壤。而华南工学院的诞生，也为加速新中国特别是华南地区高层次科技人才的培养，开辟了一个新的基地。

此次组建华南工学院，几乎是举我国中南地区工科所有之精粹，集中南工科几十年发展之积蓄。年轻的华南工学院，有着优良的学术血统，这让筚路蓝缕的老一辈华南理工人心潮澎湃，无论是领导班子还是普通师生，大家心底都涌动着一股喷薄欲出的呼声——"办大学就要创一流"，这成为他们一个坚定的共识。罗明燏、张进、冯秉铨……一代又一代的华南理工人都朝着这个目标矢志不渝地迈进。

在建国初期，中国大学的建设不仅缺设备、缺技术，而且人才也处于相当紧缺的状态。虽然当时的各大学都处于求贤若渴的状态，但是上百年的社会动荡与战乱让中国缺失大批人才。与此同时，因为年轻人受教育的程度普遍偏低，优秀生源也显得非常宝贵。

这些资历深、知名度高的专家学者汇聚于此，使得华南工学院在组建伊始就成为华南地区的工科重镇，为学校早期发展建立了学术声望和影响，同时为吸引优质生源创造了条件。一位校友回忆说："我们对罗院长佩服得五体投地，就连他不太善于言辞这一点也好像变成了大学者的象征。"

当时学生崇拜的另一位教授是教务长冯秉铨。有一次冯秉铨给学生作报告，讲到人对社会的贡献时，他打了个比喻说："人的贡献可以用曲线来描述，曲线的横坐标是时间，纵坐标是工作质量，曲线下面的面积就是你对社会的贡献量。"当时，学生们觉得这个比喻真是太精彩了，认为只有满脑子都是科学的大家才能做出如此带有学术味儿的比喻。

开阔、恬静的校园环境为莘莘学子步入科学殿堂、攀登科学高峰奠定了坚实的物质基础。如画的风景，也让学生对母校的热爱之情油然而生。1958级校友郑晋旌入学后在师兄的陪同下，参观了美丽的校园。多年以后回忆起来，他仍然深深地沉浸在那难忘的一幕中：

风光旖旎、秀丽妩媚的东西湖，幽雅宜人的湖滨路，奇兀险峻、巍峨雄伟的百步梯，均给人留下深刻的印象。湖光山色、林木葱茏、奇花异卉、假山怪石，让人仿佛置身于花园之中。浓郁的亚热带风光，构成一幅绝妙的南国风情画，使人赏心悦目，心旷神怡；美轮美奂的建筑群，红墙碧瓦，掩映于翠绿丛中；新落成的图书馆、办公楼、实验楼，层楼叠榭，睥视群芳；位于山埠上的办公楼、旧法学院、旧文学院，恰似三足鼎立，雄姿挺拔，气势非凡。

名师云集，风景如画，学子们为进入这样高水平的学府而骄傲。环境的潜移默化的影响，科学精神、严谨态度深深地扎根于学子们的心中。20世纪80年代后华南理工大学涌现大批成功企业家，这一方面得益于改革开放以后的经济大环境，另一方面也与学校组建初期的根基是分不开的。虽然学校在20世纪50—70年代之间经过多次变迁，但正是由于这种早年贤才聚集奠定的基础，华南工学院在1977年恢复招生时才能够以雄厚的学科和师资实力，在几年的时间内迅速培养了不少优秀的毕业生，成为后来珠江三角洲地区经济发展的中流砥柱。

第二节
改革开放复高考　宵旰攻苦跃龙门

在历史上，广州历来是西方列强最早前来"叩关索市"、武装入侵的要冲。新中国在构筑经济发展与国防安全战略上，为防范敌对势力的入侵，把广东定位为固疆护海的南海军事斗争前哨、农业省份，加上当年国家的经济管理体制的支配与影响，对区域社会经济中实际存在的差异客观上有所忽视，广东及广州的经济地位因而旁落。

从1953年起推行的前四个"五年计划"里，广东除茂名页岩油提炼工程属"一五"期间156个重点建设项目外，再没有基础性的、有能力带动相关产业发展的大型铁路、公路、桥梁、港口、码头、能源、邮电通讯以及重工业等国家级重点工程，经济规模、总量以及发展速度不快，远逊于获得国家支持和大量投资的京、津、沪，以及东北与华中诸省。这样的地缘政治因素与社会经济架构，制约了为经济服务的广东教育事业的发展。身处南粤的华南工学院缺少了发展的历史先机，在争取部委乃至国家级的学科或专业、科研等事业发展项目，以及获得发展计划的支持与人力、物力的援助等方面常常处于困窘境地。

此外，从华南工学院组建伊始，在陆续的院系调整中，不断有优质的教育资源从学校剥离，人力、物力被分散。特别是1956年后，广东腾出沿海资源，支援当时被称为"三线"的内地。华南工学院为支援"三线"建设，无私地调出众多学术造诣深厚的专家和学者。他们中的大多数人后来成为所在院校及其专业领域出色的学术带头人与权威人士，如赴武汉测绘学院的陈永龄、赴成都电讯工程学院的林为干，日后都成为中科院院士。

虽然地缘政治与社会经济格局弱化了广东高等教育，但华南工学院仍然不甘平庸，不辱使命，以远见卓识、沉稳务实的气魄投入学校建设和发展中去。

从1952年到1965年，华南工学院教师队伍人数从当初的不足300人发展到1200人。不少人在各自的学科领域或专业中成为带头人、专家，有的成为活跃的社会活动家，为党和人民政府所信赖与重用，为学校所倚重。在此期间，学生规模逐步扩大，从组建之初的约 2800 人，至 1965 年增加到 6000 余人。学校的毕业生高唱着《向科学进军》和《困难挡不住英雄》这两首歌曲，豪迈地走出校门，到厂矿去，到基层去，到生产第一线去，到祖国最需要的地方去，唱响了投身国家经济建设的旋律。

这期间的毕业生中，后来涌现出中国科学院院士党鸿辛、姜中宏、张佑启、中国工程院院士容柏生、孟执中、何镜堂等，全国劳动模范刘国贤、叶国珩、颜荣科、陈光松，"全国建设科技工作者楷模"黄是勇等；还涌现出一批又一批全国"五一劳动奖章"获得者、全国"三八红旗手"、全国有突出贡献专家、全国先进科技工作者以及优秀企业家、优秀教师，等等，他们为学校增添了灿烂的光彩。

冯秉铨教授在 1978 年 7 月的一次演讲中说道："从最近举行的全国科学大会来讲，参加科学大会的中年和青年代表中，华南工学院（包括化工学院）毕业的学生，据不完全统计，有 30 多人。大家想一想，20 世纪 50 年代中全国大学才有 100 多所，这个数字是相当高的。拿一个具体突出的例子来讲，华南工学院 1956 年有一个专业的一个班，学生 30 人。这 30 人当中有 4 位戴大红花进入人民大会堂，这个比例是 13%。这说明华南工学院过去二十六年有着光荣的历史，不愧为一个重点大学。"

金麟岂是池中物，一遇风云便化龙。历史风云际会，华南工学院也迎来了再次

2002年，华南理工大学建校五十周年校庆时，院士校友们在一起（左起：姜中宏、张佑启、党鸿辛、容柏生、何镜堂）

腾飞的机会。

1977年，共和国迎来了中断十年后恢复高考的第一批27 297名大学新生。这一次高考共有570万人报名，高考录取比例为29∶1。对于许多有志于工程科学、想要投身于祖国经济建设的青年来说，华南工学院是他们心中的一块圣地。

广东省惠阳县马安农场有一位知识青年，名叫李东生。当年，他拿到全国重点大学——华南工学院的录取通知书时，甚至觉得手握的曾是他不敢奢望的梦想。1977年底，李东生的老师骑了15公里的自行车，把恢复高考的消息带到了他下乡所在的广东惠阳马安农场。当时，高中毕业后的李东生已经在那里劳动了4年。和那年所有参加高考的人一样，在人生的春天到来之前，他们经历了一个严酷的寒冬。

"那一年冬天非常冷，我在农场里住的是茅棚，外面的大风呼呼渗到茅棚里。茅棚里没有电，我们就点上一个煤油灯看书，为了让煤油灯亮一点，就用纸卷个筒罩在煤油灯的玻璃罩上面。当时很艰苦，很艰苦。"

但李东生很清楚他的目标："我不能够在农场待一辈子，我要尽快出去，我希望能够有更大的作为。"

高考成绩揭榜，李东生的物理、化学考分为当年惠阳县最高，被华南工学院无线电系录取。当时的他压根不会想到，三十年后，自己与同班同学黄宏生、陈伟荣，会成为TCL、创维、康佳三大彩电巨头的掌门人。极盛之时，这三家公司的彩电产量占到全国总产量的40%。

作为华南地区的理工科最高学府，华南工学院（华南工学院和广东化工学院）

早年华南工学院校门

在1977年、1978年共招收了4552名本科生和50名研究生。

在此之后，最早走入华南工学院校门的人群中，有十五六岁的应届高中生，有历尽"文革"风雨及上山下乡磨难的老三届，其中不乏拖儿带女的三十开外的"父母级"学生。受"文化大革命"的影响，大家不同程度地耽误了学习，学习基础参差不齐，生活上也都有不同程度的困难。学校的学习生活环境不尽如人意，停电停水时有发生，配给性的伙食单调乏味。

不仅如此，他们还面临教材及参考资料匮乏的问题，图书馆以及晚自习的座位不足，往往要提前抢占，否则便只能回到逼仄拥挤的宿舍，在昏暗的灯光下学习，但这些都影响不了同学们的学习热情。为了抓住这千辛万苦得来的改变命运的机会，大家都如饥似渴地投入紧张的学习之中。

对于这种学习的热情，1977年入学的校友回忆说，当时学生的生活节奏可以用"跑"字来概括：上课跑步去课室，节节课都座无虚席；下课跑着去吃饭，米饭很硬，就直接囫囵吞下；吃完饭跑着去图书馆或自习室。就是这样的学习氛围，熏陶、滋养了青年时代的他和他的同学。

在50177班（无线电系77级）的学生中，年纪最大的已经40岁，最小的只有18岁。其中，三个年纪相近的同学很要好——陈伟荣、黄宏生和李东生。

他们的同学后来回忆说："黄宏生最老成，是全班的老大哥，在学校里没少照顾他的学弟们。陈伟荣是穿着露出大脚趾的解放鞋走进教室的，他是班长，在校的四年时间他几乎全部泡在了图书馆。李东生是班上的学习委员，他性格很内向，平时不太爱和其他同学玩，特别是见到女生还会脸红，因此一些女同学毕业时还不太叫得清他的名字。"

李东生说："学校当时那种治学的氛围是比较严谨的，比较崇尚积极向上，记得我当时上学的时候比较崇拜陈景润，曾经以陈景润第二作为志向和追求，学习理工的我曾希望成为一个科学家，至少要成为一名优秀的工程师。"这三个要好的同学，日后分别创办了创维、康佳和TCL三家彩电公司。如今，他们所在的50177班被称为中国"超级班"——因为它培养出了三位影响中国彩电业的企业家。

同班三人同时在一个时代掌控三个彩电企业，李东生把这归结为"时代的现象"。在改革开放大潮初涌的二十世纪八九十年代，中国发展最快的是消费品，而消费品中，电子消费品是最重要的产业，买一台彩电是许多人的生活目标。华南工学院电子学科水平居全国前列，同专业的毕业生在这个巨大的市场空间中风光瞩目，在李东生看来是很正常的事。

除了他们三人，在50177班的毕业生中，人们熟悉的名字还比比皆是，比如霍东龄，他如今是京信通信系统股份有限公司董事局主席兼总裁。他和同学张跃军创办京信通信，击败跨国资本，成为中国移动和中国联通最主要的外围设备供应商之一。再比如梁伟，在1994创办德生通用电器制造有限公司，并任董事长至今。他所执掌的德生已是中国收音机行业中公认的第一品牌，不光在国内拥有几千万用户，还在海外大量占据欧美各国精品收音机市场。

十年"文革"，百废待兴，国内人才空缺到达极点，这批中国恢复高考制度后的首批天之骄子，在走出校园后，分赴全国各地的各个行业，迎来了他们施展才学的黄金时代。如今，他们中相当一部分人已是各个行业的骨干精英。

第三节
桃李芬芳遍神州　名校气质显风骨

无论大学还是企业，其发展都会与国家的大战略一致，其兴衰都会跟随时代的大背景。前文讲述了华南工学院建立、办学的历史，这些努力已经为这所学校培养优秀的企业家、为社会创造财富埋下了种子。与此同时，这一种子若要开花结果，还需要等待时机，等待教育和经济的双重蓬勃发展，等待更加开放与自由的环境。

改革开放和恢复高考刚好提供了这样一种土壤。由于华南工学院毕业生基础扎实，动手能力、适应能力和科研能力强，而当时珠三角地区乃至全国的许多单位和企业都亟需这种人才，从1980年代初1977级毕业生离校开始，华南工学院毕业生就是就业市场上的"抢手货"。这些早年毕业的精英也不负众望，用实力给用人单位和企业带来了改变，为他们的师弟师妹们树立起了良好的模范和口碑。

与此同时，学校及时适应并主动融入1980年代商品经济高速发展的时代洪流，开始系统化地跟踪社会改革的大方向，在深入调查分析人才需求的基础上，合并就业门径较窄的8个专业，增设和恢复就业门径较宽的15个专业，同时更新和调整了13个专业的授课内容和服务方向，使学校在材料、化工、轻工、食品、机械、土建、电子以及应用理科等学科上形成了办学优势。

另一方面，学校还更改了课程设置。在保证基础课程和主要课程的同时，增加新技术、边缘学科、人文和管理类等课程，拓宽学生的知识面和提高学生的综合能力，同时加强实验和实践教学。为了鼓励教师积极进行课程改革与建设，学院还在办学资金较为紧张的情况下，设立了课程建设基金。

经过多年的努力，学校的就业品牌得到巩固，在人才输送方面建立起了良性循环。而此时的华南工学院也比以往更加强大，于1988年改名为华南理工大学。对于这所学校出产的优质毕业生，1989年6月21日《南方日报》上一篇以"更新人才，培养人才，华工毕业生供不应求"为题的报道中有着这样的记载：

"华南理工大学注重更新观念，把为产品经济培养人才转到为商品经济培养人才，取得了明显效果。近年来，毕业生供不应求。今年2000多名毕业生绝大部分现已落实接收单位，即将踏上工作岗位。"

不仅如此，学校还利用自己的科研平台，主动承担了不少有关国家发展和经济战略的重大科研项目和高新技术研究任务。早在改革开放刚刚开始的1978年，华南工学院参加全国科学大会，就有15项科研成果荣获全国科学大会奖。而从1980年底开始，学校的一批科研机构逐渐得到恢复和建立。

科研实力和毕业生输送方面的双重成就，使得华南理工大学在广东改革开放的过程中扮演了重要角色，成为南中国经济腾飞的重要支柱。1988年6月，中共中央政治局委员李铁映同志到校视察后，评价道："华南理工大学能够成为珠江三角洲高技术、现代化、经济振兴的摇篮，我看是一件很了不起的事。华南理工大学受到珠江三角洲的欢迎，这要总结经验。"

20世纪90年代至今，越来越多的华南理工企业家创立的品牌走出广东，冲出中国，走向世界。中国彩电三巨头、中集海运、格力空调……无数改变了中国人生活的大型企业，它们的创始人或领导者都是华南理工校友，它们的产品被自豪地打上了"华南理工出品"的烙印。

在这块有着悠久历史传统的工学沃土之上，爆发出前所未有的力量，桃李芳华，助岭南富庶，助中国腾飞。

培养了如此多的优秀创业者，华南理工大学有什么独特的秘诀？

每一所知名大学都拥有自己特有的精神气质，有志于创业的人一旦进入这些大学学习，他们的知识体系、思考方式、处事风格乃至人格志向，都会秉承母校传统，并且把这些气质带入企业，将其转化为生产力，转化为实业优势。

身为名校培养的人才，华南理工大学企业家校友的精神风骨同样与母校一脉相承：

他们在学校时养成了学无止境的态度和永不言输的个性，毕业后立志笃行，并因此铸就了创业者所需的基础条件和人格魅力；

他们常年感受理工科高等教育科学务实的精神，感受学校人文底蕴的潜移默化，为自己打造了全面的知识体系和思维方式；

如今华南理工大学主校门

他们毕业后将大学形成的世界观转化为创业的大局观，走在产业前端，充当国家战略排头兵，实业回报社会，助民族昌盛。

在这些精神风骨的引领下，一连串在实业领域响当当的名字遍布珠三角、广东乃至全中国的各行各业，勾画了华南理工大学师生谨记建校初衷、为国家输送高质量建设人才的蓝图。

华南理工企业家校友博学慎思。黄宏生、罗宁对一切新事物都抱着学习的态度，并将这种学习能力带入毕业后的人生，每次转行都能快速学习新知识，适应新行业；霍东龄始终不放弃勤学苦练，拼搏十多年后终获成功；姚振华在母校综合办学的大背景下，成为最早在华南理工大学接受双专业教育的学生，为此后创业打下了牢固的基本功。

华南理工企业家校友坚韧不拔。陈伟荣艰苦拼搏，无论企业碰上难题或是受到他人质疑，他总能在创业路上坚持自己的梦想；何新明、叶茂，永不言输的强者之风让他们拯救企业于危难，让企业焕发新的青春。蔡建中、张海明、王杏生，只身闯荡海外，虽举目无亲，却谨记母校自强不息的教诲，勇敢坚强地生存和发展。

华南理工企业家校友专注务实。黄建平、周利民、方海洲、陈建发，本着理工科教育工艺为先、专于"谋事"的思维，带领企业走上精益求精的"产品中心主义"道路；洛少宁、洪惠平、张弢，相信科技改变产业命运，坚守在商机看似不多的平凡行业里，在业内不景气、不少同行纷纷转行的情况下，依靠技术创新缔造非凡的业绩。

华南理工企业家校友大智大仁。李东生、袁玉宇、张启发，以扎实的技术站稳脚跟，并将人文素养融入企业管理与实践；陈春花、姚莉、莫道明，他们身为企业家和教育者，奔波在科研和教育的方方面面，在创造财富的同时也在培养人才；黄家武、罗飞、李卫忠，用自己亲手创造的财富改变社会和家乡的风貌。

华南理工企业家校友深谋远虑。麦伯良展示大型国企领导者的战略风范，永远根据世界的需要和变化进行定位，带领企业坐稳行业头把交椅；康敬伟借助IT产业蓬勃发展的东风，准确地选择全新的智能硬件领域进行投资，抢在时代的前面，把握新兴市场的商机，成为富有的行业新秀；简伟文让百元起步资金变身数亿元财富，依靠超强的规划能力，用小成本做成了大生意。

华南理工企业家校友爱国强国。李国雄与母校的老师和师兄联手，解决南沙岛礁建设工程难题，用科技保卫祖国海疆；朱江洪、方贵权，为了生存与荣耀，立志研究曾被外国人垄断的产品技术，助企业腾飞，为民族的科技自强贡献力量；何新明、李漫铁、何正宇，致力于做强"中国制造"的品牌，挑战国际老牌厂商垄断地位，引领中国产业走向世界。

这些在中国经济里响当当的名字，仅仅是华南理工企业家校友长长名单中的一小部分。正因为有了每一位特色鲜明、受人尊敬的校友，华南理工大学才被称为"工程师的摇篮""企业家的摇篮"；校友们表现出来的优秀品行，也回馈给母校满满的正能量，进而铸造成为新时期大学精神的一部分，在无形中影响着新一代学生的思想、行为，从而让他们对校友群体产生一种荣誉感和凝聚力。

他们不仅仅对社会贡献，对母校、对母校师生也充满着感恩与关心。据统计，华南理工大学校友捐赠已经连续多年居全国高校前八位。同时，除了捐赠之外，他们还以各种其他方式，从教育、科研等多个领域给予母校经验、技术和精神上的支持。

综合说来，一所大学的硬件设施、师资力量和培养方式等都可以模仿其他学校，但其独特的大学精神特质却难以简单地进行复制。这是因为大学精神的形成往往伴随着学校长年的发展和社会变迁，经过一代又一代师生的共同实践，才逐渐培育、升华而成。有什么样的大学就有什么样的校友。人们发现，尤其是那些有着深厚历史积淀的一流大学走出的校友群体，总有着不同于其他高校的校友品格。

有着长期办学历史、继承优秀办学传统，同时地处改革开放前沿南中国、办学理念屡创人先、拥有理工科特色又不失人文气质的华南理工大学，就是这样一所拥有独特精神风骨的一流大学。"厚德尚学、自强不息、务实创新、追求卓越"的大学精神，在代代华南理工大学校友的品格里留下最坚实、鲜明的烙印，指引着其行为，为世人展现出一张张鲜活的华南理工大学名片。

在继承优秀的历史传统并积极投身办学实践的过程中，华南理工大学如春风化雨，润物无声，浸润着身处其中的每一位学子，影响着其规范的树立和品格的养成。在大学精神的培育下，科教强国、实业兴邦的理想追求，服务社会、引领潮流的使命担当，逐步融入华南理工大学校友的血脉中，成为他们成长、成才、成功的源源动力。

每当校友忆及昔日华园经历，总是难忘华南理工大学精神对自己的影响。其实，在新一代华南理工大学学子的眼里，一位位校友何尝不是华南理工大学精神新的创造者、传承者和传播者？校友们以名校气质塑造行为规范、以所学知识奉献国家社会，纷纷成长为行业翘楚、社会中坚，进而以一流业绩收获公众认可、以优秀品行影响母校学子，为华南理工大学的名校气质添砖加瓦。

莘莘学子,"学"字为本。即使告别了课堂和母校,出众的学习能力依然是华南理工人的制胜法宝。终身学习、勇于创新、与时俱进,是他们长期笃信的行为准则。

第二章 博学慎思 笃志不倦

　　这张珍贵的老照片是华南工学院 1978 级制糖专业学生在宿舍自习的场景。如今我们拿出它细细观赏，依然能品味到那种下课后继续高涨的学习热情，飘洒在黑白色的厚重与沉思中，成为永恒的定格，用画面书写着这座学府从不褪色的博学慎思之风。

　　从华南工学院毕业三十余载，1977 级校友、创维集团创始人黄宏生回忆起当年同学年少、共勉共进的日子，深情地写下这样的字句：

　　"我们难以忘怀那一号楼的挑灯夜读、课堂间的热烈交流、图书馆的排队长龙、操场上的龙争虎斗，大学四年为我们日后的终生学习打下了基础。在风景秀丽的华园里，培育出了大批的卓越人才，我们深深地以就读华南理工为骄傲。"

　　对于一所现代大学来说，虽然兼有科学研究、服务社会等多项职能，但它的本质任务依然是育人。大学不但要为学生提供一个学习的平台，而且要为学生提供一个终身学习的起点。1934 年，国立中山大学校长邹鲁秉承孙中山办学遗志，在位于今华南理工大学北校区的花岗岩巨石上留下"博学之，审问之，慎思之，明辨之，笃行之"的撰抄。三十多年后的今天，在这片曾经被称为"石牌校区"的土地上，这块老校训石成为校区历史与华南理工大学精神中最珍贵、最坚强的记忆。

　　从"博学"到"笃行"是一个漫长的过程，也是一个学与行相辅相成、齐头并进的过程。单纯地学习、记忆知识，并不算真正的"博学"，只有经历了学习之后的思考、思考之后的创新，才能让知识转变为价值，到达"笃行"的阶段，完成学习的最终目的。

　　他们在毕业之后保持博览群书的学习态度，向着"上知天文、下知地理"的方向不断努力；他们审时度势，关注并学习那些初露尖角却将主宰未来的领域，并将其应用在市场上；他们不满于现状，为了创业的梦想，敢于舍弃已经取得的成绩和财富，学习全新的知识和技术；他们不仅向书本学习知识，也向生活学习经验，向不同的人群虚心请教，学习不同的思维模式。

在这些企业家校友的创业生涯中，博学精神不仅增加了创业的知识，拓宽了创业的思路，解决了企业的问题，更重要的是能够从中衍生出新的产品、新的技术、新的理念，为企业打下了坚实的创新性基础。

目睹他们的成长和成功，母校一方面感到欣慰，另一方面也在思考新的培养模式。要想培养出更多博学多识、拥有综合知识体系的毕业生，学校本身需要先拥有综合知识体系的教学和科研能力。在这条道路上，从1988年以前的华南工学院，再到1988年以后的华南理工大学，学校一直在努力探索建设综合性大学的道路，并且硕果累累。博学、上进的思想和精神在这座校园的里里外外蔚然成风。

第一节
好学善问从名师　青出于蓝胜于蓝

"学无止境"是一句被反复提及的座右铭。然而，一旦离开校园，真正能将这句话践行到底的人并不多。在成功与财富的面前，有人逐渐将学习淡忘，将书架当成摆设，让知识成为装饰品；另一些人则手不释卷，将好学视为下一次成功的秘诀，厚积薄发，创造更加丰硕的业绩。

从华南理工大学毕业的许多成功者都将他们的成功建立在博学、好学的基础之上。然而，单有一颗好学心还远远不够。既然来到大学，首先要有仁师给他们传授知识，为他们打造学习的平台。

一所真正拥有影响力的大学首先要拥有雄厚的师资。正如我国近现代著名教育家梅贻琦所言："所谓大学者，非谓有大楼之谓也，有大师之谓也。"

在这点上，华南理工大学悠久的办学历史和无数的名师先贤为学生提供了得天独厚的学习条件。组建初期，华南工学院拥有一大批工科专家，为日后的学校发展乃至国家建设发展作出了很大的贡献。他们当中有建筑、造船和飞机设计专家罗明燏、电子专家冯秉铨、测量专家陈永龄、结构专家陆能源、土木工程专家罗崧发、硫酸工业专家李敦化、造纸专家王宗和等。

根据校史记载，组建初期有国家一级教授3名，即罗明燏、冯秉铨、陈永龄；

二级教授12名，即罗雄才、康辛元、李敦化、王宗和、徐学澥、陈伯齐、张光、余仲奎、朱惠照、方棣棠、林为干、周履等。后来，又有一级教授李文尧，二级教授张力田、卢文进入华南工学院。

如今，许多人都为华南工学院无线电专业校友所取得的成就而赞叹不已，除了著名的50177班外，其后该专业的毕业生也是人才辈出，特别是在实业领域，该班有不少校友都成为国内、国际知名企业的创始人和顶梁柱。

今天看来，50177班的成功并非偶然，无线电本来就是华南工学院的传统强项，特别是以冯秉铨为代表的老一代教师，身兼科研大师与教学大师两种角色，依靠雄厚的学术能力和为人师表的情怀，培养了一批批优秀的学生。学生总是如饥似渴地希望得到优秀教师的指导，在1977年恢复高考的时候，众多名师吸引了优秀生源的目光，成为华南工学院的一大优势。

老师们的兢兢业业和以身作则，正是刚步入华园的年轻学子们最好的榜样。1979年，年仅16岁的许冠怀揣着做科学家的梦想，考入了华南工学院。

那年的开学典礼，冯秉铨请来了蜚声中外的科学家、教育家钱伟长给同学们做开学报告。钱老从如何做人讲起，谈到如何学习、如何做事，两个小时的演讲，钱老全程站着，让许冠甚是敬佩。这一群年轻的后生听得兴致盎然，榜样的种子开始在他心中萌芽。

老师们不只行为示范，还都有着一副热心肠，在那个对知识如饥似渴的年代里，自发地利用课外时间为同学们答疑解惑，这种敬业精神让许冠十分感动。在严谨教风的感召下，校园里学风同样浓厚，许冠形容学校是"学习的天堂"，老师们倾囊相授，同学们刻苦勤奋。

"从周一到周六，课程安排得很满"，许冠回忆说，每天晚上，九成以上的同学都会主动去自习室，"要是晚了，连座位都没了"。

如春雨般润物细无声，大学对许冠的锻炼也是全面的。学习条件艰苦，他想办法克服，没有成本教材，就拿影印的资料，因为"学习的事情千万不能不懂装懂"。许冠回忆，之所以日后能攻下一个个技术难题，全因那时培养出来的这种一丝不苟的态度。

作为佛山市南海中南机械有限公司董事长，"专注、坚持、创新"是许冠常常挂在嘴边的六字箴言，做事如此，做人亦然。他培养出来的技师在业界也广受好评，中南机械在业界有"精密加工的黄埔军校"之称。中南机械还因此获得了国家人力资源社会保障部颁发的"国家技能人才培育突出贡献奖"，广东省仅有两个单位获此殊荣。

中南机械不仅在为经济贡献GDP，还在为社会培养人才。公司682名技术工人

许冠（右三）指导攻关技术难题

中 92% 通过了职业技能鉴定，培养出的高技能人才也获过"全国技术能手"称号，员工们有动力，更有成就感。刻苦、严谨、努力，是大学赐予许冠的态度和精神，许冠将它延续到了企业精神之中，并且通过企业、通过产品，将这种精神传达给全社会。

在梁伟身上曾有着这样的故事：他自幼对科学有着独特的兴趣和领悟。20 世纪 70 年代初期，他自学无线电方面的常识，小小年纪就能为父母单位宿舍小区的住户修理收音机，已经在当地小有名气。有一次，他帮一位邻居修理收音机，而这位前辈刚好毕业于华南工学院，看到梁伟聪明、灵巧，又对科学抱着一颗热忱之心，便对他说道："小梁，可惜现在是'文革'，要不你高中毕业可以去考华南工学院无线电系，那里有个冯秉铨教授，你就应该跟他学。"

这位前辈没有想到，他的惋惜之词变成了激励之词。梁伟心中从此印下冯秉铨的名字，果然在恢复高考后考上华南工学院无线电专业。他终于有机会发挥自己在无线电方面的特长和爱好，毕业后走向家电产业，创办了德生电器公司。

2012 年，当梁伟和他的同学黄宏生都已经功成名就，一同回到母校与 80 后、90 后的学弟学妹交流创业经验。现场有人问黄宏生是如何度过大学生活的，梁伟便自告奋勇地发言，原来他俩在校时就是好哥们，一个睡上铺，一个睡下铺。梁伟告诉大家，黄宏生最大的优点是"善问"，而且问起来有种穷追猛打的气势。他每次下课后都喜欢追根究底，缠着老师不放。有同学觉得他问的问题太简单，对他开玩笑说："这么简单的问题你也敢问？"他也依然不在乎。凭着这种精神，入学时的"后进生"在大四的时候，达到平均分 93 分，成绩全年级第一。

有了像黄宏生这样好问的学生，还需要有能够传道授业解惑的老师，在这方面，冯秉铨在华南工学院的毕业生精英中有着特殊的影响。他的另外一位学生，华南工学院1977级校友霍东龄曾这样评价："冯教授在我的心里面是一座丰碑。我们这一批学生一提到冯老师都是肃然起敬。他不但学识渊博，而且充满了人格魅力。做学者、做老师、做知识分子他都是楷模，'仕子楷模'实至名归，可以说是人中典范。"

在学校期间，曾有一个偶然的机会，霍东龄去老师家里做客，在冯秉铨家的客厅谈了很多，收益颇丰。霍东龄回忆说："当时我感觉他是一个很受人尊敬的长者，非常平易近人。他没有什么豪言壮语，但从他平时待人处世的原则中，你会感觉他是一个伟大的人。他对科学和教育事业的忠诚和追求，永远值得我们后人学习和怀念。"

这个当时在老师家里细心听讲的年轻人，就是今天为人们所熟知的京信通信集团的创办者，他带领这家中国企业在与跨国资本的较量中成功突围，成为中国移动和中国联通最主要的外围设备供应商之一，在不到十年间创造了令人惊叹的财富传奇，被海外媒体评价为"睿智的美国式创富"。

人们往往过于注重成功的结果，而忘记了成功的过程。对于这个不到十年就取得的成功，它的起点早在三十多年前就已经开始，取决于霍东龄常年学习知识、坚守知识的能力。他的创业成功之路起始于一件小事激发起的"大学梦"，一个他后来在华南工学院获得实现的大学梦。

20世纪70年代初，霍东龄跟大多数同龄人一起，在海南开始了他的知青生涯。由于受到"文革"的冲击，教育停顿，以致他连小学数学都没有很好地掌握。在做知青期间，有一次正在打一口井，一个有高中文化的干部让大家算算，这口井要挖多深才能支撑整个生产队的用水，霍东龄算不出来，知识的贫乏让他感到了危机，一种强烈的求知欲望开始慢慢改变霍东龄的一生。

在海南岛生产建设兵团务农的第三个月，他开始托亲友寄书给他，每天劳动过后就在煤油灯下学习。这样的生活，他坚持了六年，文化水平得到了大大提高，同时默默地等待着下一次学习的机会。1977年底恢复高考，给了像霍东龄这样憧憬大学生活的知青一个超越自我的机会。

可以说，那时候的霍东龄，只有一个笼统的大学梦。功夫不负有心人，在六年苦读之后，他被华南工学院的无线电通信工程专业录取了，成为50177班的一分子，这是当年华南工学院录取线最高的专业。他还不知道，50177班将会是一个特殊的词汇，成为母校培养企业家的缩影。

入学之后，班上的同学很快就适应了学习的环境，开始有意识地去把被"文化大革命"耽误的时间抢回来。早上六点半，全班同学自发组织起来跑步，一跑就是四年，号称要"跑到北京去"。面对经济发展带来的文化娱乐生活，有些人沉浸其中，但是霍东龄却一门心思投在学习上。他说："我们在学校的时候，对未来的憧憬和对国家的期望是建立在我们这一代的认识上，就是认为科技可以救国，认为技术进步可以振兴中华。"

果然，20世纪80年代到90年代，华南工学院50177班的学生成为各行各业的领军人物，涌现了大量优秀的企业家，为改革开放后的华南经济腾飞起到了举足轻重的推动作用。然而霍东龄却在这期间遭遇了人生的坎坷，身患疾病让他不得不中断学业。当年的同学们风光无限之时，他却默默无闻地在广东省微波通信局微波站做着一份普通的工作。

这期间，他本着对知识的坚守，完成了北京邮电大学微波通信专业的函授学习。两次读大学，加上在生活中的摸爬滚打，霍东龄已经具备了成功的基本要素。他所缺少的，只是一个爆发点，一个能够将寒窗苦读学到的知识应用在实践领域的爆发点。20世纪80年代末到90年代初，霍东龄下海经商，在广东做电子产品和通信产品之类的生意。1997年，他与在华南理工大学时同宿舍的同学张跃军一起，创办京信通信技术（广州）有限公司，开始了创业者之路。

二十年后，霍东龄已经成为中国通信业中叱咤风云的人物。说起他成功的秘诀，有些人将其归结为商业天赋，而霍东龄则将其简单地归结为创业过程中的好学精神。他曾经在一次采访中表示，创业实践中会遇到很多问题，无论你多么博学，都会需要用到以前未曾接触的知识，这就会驱使你去寻找知识，去学习和阅读，再对不同的书和知识进行比较，取其精华，反过来应用到实践中。

学习、实践，再学习、再实践，这是一种螺旋式的博学之路，也是人生的上升之路。一个看似简单的哲学道理，是他从自己大学梦的起点——华南工学院得出来的法宝，而他也从未忘记母校给予他的教诲。

带领京信发展为知名企业以后，霍东龄在公司大楼的广场前矗立起冯秉铨的塑像，由此可见恩师和母校给予的教育曾给霍东龄这一代人深深的影响。不仅如此，霍东龄还借用冯秉铨的崇高精神和人格魅力作为一种企业文化，用于激励和鞭策他的员工，继续感召和影响下一代人。

学习有很多种方式，每个人都有自己的秘诀。霍东龄讲求博览群书式的方式。另一方面，学习不仅体现在对知识的获取和掌握，也体现在对生产、生活技能的学习。华南理工大学作为一所立足工科、长于工科的高等学府，它的校风和学风总是与实践紧密贴近，老师不仅教给学生知识，也教给他们学习新技能的方法。从华园中走出去的学生，能动脑，也能动手。在这众多的优秀校友中，前星湖科技有限公

冯秉铨铜像伫立在逸夫科学院馆前

司董事长罗宁便是一例。大学毕业后，他从普通技术工人干起，稳扎稳打，最终成长为企业高管，是一位有知识、有干劲、心灵手巧的创业者。

1980年，罗宁以优异成绩考上了华南工学院化机系。大学四年对于罗宁来说，记忆最深的只有一件事情：读书，专心地读书。不管是工作日还是休假日，不管白天还是夜晚，不管严寒还是酷暑，罗宁每天都会拿着书去课室自习。

当时物质匮乏，电话也是稀有之物，电子设备就更不用说了，当时的娱乐就只有周末到农垦局看场电影，其他的时间都在读书学习。那个年代能上大学的人少之又少，每个学生都很认真地读书。罗宁家虽然在县城，但家里生活条件并不好。幸运的是，学校每学期向他发放20元的助学金，在今天看来虽不多，在当时却可解他读书用钱的燃眉之急，让他更加珍惜来之不易的读书机会。

在来到华南理工大学之前，罗宁在县城中学里的成绩总是名列前茅，来到广州以后，他才发现强中自有强中手。虽然失去了少许做"领头羊"的优越感，但他并没有挫败感，相反，这块历史悠久的学习沃土给他带来了更大的动力。

通过仔细观察，他发现城市里的同学除了学习书本知识之外，还接受音乐、美术、舞蹈等艺术方面的教育。他感到眼界大开，要学习的东西还有很多，于是不断鞭策自己，全面地学习各种各样的知识和技能。在校园里，他的技能和知识不断增长，为他以后进入企业发展打下了坚实的基础。

毕业后，从一个普通的华南工学院毕业生到后来功成名就的企业家，罗宁走过了二十多个春秋。他从基层做起，一路学习，一路攀登，伴随着他成长的是他一直在其中挥洒汗水、努力耕耘的星湖科技。

罗宁回忆说，自己刚开始工作的时候，对工厂的工作内容不熟悉，干活没有工人快，没有工人好。虽然大学毕业，却受到了工人们的质疑：大学生有啥能耐？大学生除了读书，也能干活吗？干起活来能比熟练工好吗？

这一连串的问题，等待着罗宁用实力去回答和解决。在母校的学习经历赐予了他强大的学习能力，即使到了学校外，他学东西也比别人快。他知道，虽然学习的内容不同，但是学习的方法都是一样的。除了勤奋刻苦之外，还要多做准备工作、多向他人请教、多总结经验，对这一套学习方法，他轻车熟路。

很快，罗宁就熟悉了工作流程，提高了工作效率。他不但能完成额定的工作，而且能够超额完成任务。起初对他有着各种疑问的工友们也终于心服口服，而这些业绩也让厂里的领导很快就注意到这个与众不同的大学生。因为优异的表现，他得到了晋升机会。除了技术之外，他开始学习更多的管理知识。

对于生物科技公司来说，化机专业出身的罗宁显然是工作和专业不对口。为了适应新工作，他需要重新钻研生物科技，这种困难并没有使他退缩。相反，罗宁更积极、更努力地填补自己的专业空白，在工作中锻炼自己，在进修中充实自己，让事业的道路越走越宽，逐渐完成了一个再学习的过程，直到他被提升为星湖科技的总经理。

毕业多年后，罗宁一直心系母校，"常回家看看"是他一直铭记于心的话。作为一名华南理工人，罗宁不忘自己大师兄的身份，关心母校在校生的学习就业。他分享自己的经验，说道：

"就业是人生的一道坎，只有迈过去才能得到更好的发展。把心放低，从基层做起，耐得住寂寞，耐得住辛苦，耐得住贫穷，所谓'吃得苦中苦，方为人上人'，不管是职业道路，还是人生旅程，默默耕耘才能以坚实的基础赢得高度、深度与广度。"

"大学四年，最应该做的是纯粹地学习。纯粹地学习不是不关注时代发展，一心埋头在书堆里，而是不应该抱着功利心去学习。各种各样的书都要多看多读，社会事件也要关注。只看与本专业相关的书会使得知识面狭窄，但所有书都看，又可能会沦为半桶水。冲着赚钱、冲着买房买车去读书，过于功利，不利于自身学识的增长，也不利于人格的完善。"

罗宁自己从母校的学习经历中受益，才获得了今天的成功，便希望给当今的华南理工学子提供更多学习经验和更好的学习平台。在他的带领下，星湖科技与华南理工建立了产学研合作教学，相继开办了管理方面的EMBA、MBA和管理营销班，与生物学院合办了生物工程硕士班等，意在鼓励学生依托理论基础进行实际操作，提高个人专业水平，也激励在职员工走进校园继续深造，接受最新理念，提升业务技术。

随着社会的发展，现在的大学生生活要比罗宁当年丰富得多，也充满了更多的诱惑。特别是我国高等学校普遍扩招之后，大学生毕业面临更多的竞争，毕业以后往往找不到方向，不断更换工作。而一些自主创业的毕业生，一进入社会和市场，也面临激烈的竞争，生存压力极大。

于是，有些人产生疑问：高等教育是否还像以前那样重要？

关于这个话题，另一位华南理工大学校友、尚品宅配董事长李连柱总结了自己长期创业的经验，并给出了答案。他认为学校不仅是一个传授知识的平台，也是一块具有人文关怀、陶冶心性与品德的净土。

李连柱相信，高等教育在企业家身上所起的作用是不容忽视的：

"如今许多企业都存在压力大的问题，我认为这是学习能力不足的表现，与从业者受教育的程度有关。我们生活在科技时代，事物变化非常快，如果没有受过良好的教育，就可能缺乏学习和适应的能力。此外，除了利润之外，一个企业对于行业和社会是有附加价值的。对于这样一些价值，我们应该如何表达，又如何将其实现，是需要从学校里学习的。"

华南理工大学校友的许多创业事迹证明，教育与创业并非单向关联，而是一种互动关系。有许多成功创业的校友都愿意回到课堂上来，再把自己的经验反哺传授给下一代学生。例如，李连柱在获得成功后，也像很多企业家校友一样投身到企业教育中，通过自己的企业开办了培训课程。昔日的学生变成今日的老师，创业的精神才得以不断延续和发展。

时代总在不断变化，但是学习作为一种基本的教育元素和校园风气，它是大学的核心、生活的核心和创业的核心，这点始终不会改变。无论是本章中提到的几位企业家，还是许多无法在这里一一详述的、勤奋好学的华南理工校友，他们在校时寻找、汲取知识，立足于专业，是改变命运的底气；毕业后补充、消化和创造知识，在专业知识之上不断拓宽视野，则是实现梦想的关键。他们用自己的故事告诉年轻人：永远持有一颗博学、好学之心，让大学的知识学有所用，依靠学习能力不断挑战自我，一步一个脚印地耕耘，才能成就不凡的事业。

正所谓青出于蓝胜于蓝，这些校友一方面学会了老师教给他们的知识和方法，一方面勤学苦练，而且将其运用在实业领域，让知识与智慧在校园以外发挥作用，创造财富与文明。

第二节
学以致用勇创新　与时俱进领潮流

2010年，华南理工大学1977级校友黄宏生、林卫平夫妇向母校捐赠3000万元人民币，其中1000万元用于设立"宏平长青基金"，资助华南理工大学学生的科技创新活动。对于人生道路已经如此辉煌的黄宏生、林卫平夫妇来说，在这个时候捐款资助科技创新类的基金，是在以成功创业者的身份向大学教育传递一个信息：创新是创业的重要支柱。

学习的最终目的不是模仿，而是要做到学以致用，用知识去适应环境，不断地创造新的事物和理念。华南理工大学校训中的后半句"明辨笃行"，讲求的就是审慎地运用学到的知识，并将其运用到实际行动中。对于创业来说，创新就是这种运用的最佳途径。特别是在高新科技不断涌现的当代工业中，创新对一家企业有着不可替代的推动作用。正如华南理工大学EMBA校友、广州鸿利光电股份有限公司董事长李国平所总结的："在以高新科技为主题的电子生产领域，科技是竞争的主导，创新尤显重要，不进则退。"

近年来，华南理工大学提出高素质、"三创型（创新、创造、创业）"、具有国际视野的拔尖创新人才培养目标定位，积极探索对学生进行"合格＋特长"的培养，同时实行主辅修、双专业、双学位、联合班等金字塔形的多模式、多途径、多样化的人才培养。

事实上，这所学校从建校起，就走在创新培养模式的探索道路上。六十多年来，华南理工大学一直是创新人才的摇篮，这里走出了在 Nature 生物技术分刊上以并列第一作者身份发表论文的本科生罗锐邦；走出了自主创业，两年将销售额升至2000余万元的创业之星博士生胡大为；走出了拥有超过40项黏合剂相关技术和专利，被誉为"大学生发明家"的"中国大学生自强之星"博士生陈平绪……

培养了这么多的天之骄子，华南理工大学有什么特别的培养方式？答案有很多，或许用一本书都无法完全解答。值得一提的是，除了将创新思维建立在雄厚的学术实力之上，这里还拥有一个开放、自由的环境。地处广州这一改革开放的最前沿，占尽天时地利，让学生们不仅在这里学会知识，而且拓宽了他们认知世界的能力，丰富了他们的知识体系。因此，前来华南理工大学求学的学生中，除了广东本地的学生，也有不少来自北方的同学。

在众多来到南方寻求发展、并最终在岭南实现创业梦想的北方学子之中，李连柱便是其中之一。1987年，23岁的李连柱平生第一次离开家乡山西省，经转石家庄，只买了一张站票，便乘坐运行几十个小时列车前往广州，到华南理工大学攻读机械制造专业的研究生。

毕业后经过十多年的奋斗，李连柱带领尚品宅配成为国内家居界的龙头企业之一。回首自己当年跨出家门的选择，他简短地概括道："20世纪80年代，广东发展比较快，而山西相对闭塞。选择来华南理工大学读书的原因之一就是看重南方的发展契机。"

李连柱的确从南方特有的学术土壤中吸取了营养，特别是与时俱进比时代超前的思维，将其运用在实业领域。如今，他的产业思维与互联网、人工智能等新的时代因素紧紧结合在一起。

作为一位依靠创新取得成功的校友，李连柱介绍了

地处改革开放前沿，包容、开放的广州让华南理工大学的学生占尽了创新创业的天时和地利。学校不仅为社会培养建设人才，也借助学校的科技与文化实力，直接参与现代化建设。图中的珠江新城西塔是广州新CBD中心的标志建筑之一，其设计方案即为华南理工大学建筑设计研究院成果

他的创新思想，希望对在校生的学习和创业有所帮助。他首先强调"主动创新"的意识，鼓励年轻人尽早地发现新事物的到来，主动与其融合。他举例说，20世纪90年代末期，互联网才刚刚在中国开始普及，他便意识到其中存在商机，并亲自带领一批技术人才开发企业的门户网站。当时的网页设计功能还不像现在这般发达，每一个网页上的菜单和链接都是手工画图进行设计。学习、适应互联网的过程虽然不易，但正是这种对环境变化的第一时间反应，让他的企业在互联网营销方面与时代齐头并进。

李连柱认为，面对资源多样、社会分工明细、互联网极度发达的当代市场，只要创造出新的想法，就会有相关的技术产业将其实现。因此，对于创新来说，最重

要的是设计能力、创造力等软实力,而不再是科技本身。他说:"二十年前,组装电脑是一个很难的技术活,可如今连普通的中学生也可以轻而易举地组装起一台电脑。我常常在想,今天的机器人是否就是当年的电脑?重要的不是组装的难度,而是芯片的设计。今天的硬件已经相当成熟,但产业中最难的是软件,它才是产业的大脑。"

本着这种思想,"尚品"非常重视机器人等智能化技术的软件研发。如今,"尚品"设在广东佛山的工厂依据自主技术,用高度智能化的机器人完成多样化的生产动作,制造具有"尚品"特色的家具,在生产线的终端支持"尚品"为客户定制的个性化设计。

这种企业模式发挥智能化和联网化的优势,具有高效率、低成本特点,同时将大规模生产和个性化定制结合在一起。在许多家居产业还徘徊在传统道路的时候,李连柱带领自己的公司,依靠独特的工业思辨力,依靠创新,走在了产业的前端。

与 20 世纪 90 年代相比,这些年来,随着广东在创新创业方面的大环境越来越成熟,越来越多的华南理工学生选择创业,一股清新的创业之风在校园中盛行。事实上,与时俱进是创新思维中最为重要的一环,而大学作为人才培养的载体,同样需要做到与时俱进,不断调整自己的办学方式。

进入 21 世纪的第二个十年,按照人才培养目标定位,华南理工大学继续扩大人才培养的弹性设置,推进个性化培养,开设科学前沿研究交叉型、学术研究型、高层次应用型、外向型国际化、学科交叉复合型、创新创业型等各类人才创新班、教学改革试点班 30 多个,横跨生物、化学、数学、物理、计算机等几十个学科专业,每年进入各类创新班的学生达千人。

对创新班、试点班的学生,学校会根据培养目标要求,量身度造制订培养方案,采取导师制、小班上课、个别辅导等新的教学组织形式。个性化教育使得常人眼里的"偏才"在华南理工大学摇身一变,成为可以独当一面的"奇才""帅才"。学校有为尖子生、特长生培养的优才优育模式,比如与深圳华大基因研究院组建的基因组创新班;学校还设有本硕连读和本硕博连读等长学制培养模式;有产学研合作培养模式,学生低年级在校接受基础教育和通识教育,高年级进入各种创新实践基地;有复合型人才培养试验班,可进行跨专业的学习;还有国际联合培养模式,培养外向型国际化专门人才等。

创新班的培养方式是华南理工大学一种特有的模式。从学分获得到学生管理,从学习形式到考核形式,都与原有的模式迥然有别。学校解放思想、更新观念,大力实施人才培养模式改革,与一流科研机构联合培养学术研究型创新人才,与行业龙头企业联合培养工程应用型创新人才,与国际著名大学联合培养国际化创新人才,与部队联合培养高素质新型军事人才,构建起以实践为载体、协同培养高层次

华南理工大学基因组科学创新班曾引发海内外媒体的广泛关注

创新人才的新机制。

2009年成立的华南理工大学基因组科学创新班，从本科生首次在国际顶级期刊发论文，到学生以并列第一作者身份实现了 Nature, Science, Cell 三大顶尖学术期刊的"大满贯"，目前，基因组科学创新班共有84人次以并列第一作者和署名作者的身份在国际顶级期刊发表论文68篇。这些意气风发的少年一次次地刷新学术创新纪录。然而，需要创新的并非仅仅是科学研究，创业经营同样需要创新。或许当他们从华南理工大学毕业后，也能将校园中的创新精神带到创业之路上，因为他们的师兄师姐之中已经有很多这样的先例。

早在二十世纪八九十年代，一批批华南理工校友就已经用他们的创新精神奋战在商海中并站稳了脚跟引领潮头。本着适应环境、灵活多变的精神开拓创新，终将知识转化为生产力，在达成学习最高境界的同时，他们走出一条条别人看不到、不敢走的创新之路，有的绝处逢生，有的更上一层楼，占领各个行业的制高点。

商业上的创新，往往是营销方式的创新。在从华园中走出的许多创新创业人才中，霍东龄便是一例。他和同学张跃军创办京信通信以后，当时国产产品与国外产品相比，在技术上有着很大差距。这一差距首先体现在市场占有率上，外国跨国公司的产品牢牢占据着国内市场，市场份额达到99%。

生存的大环境如此不利，一个十几个人的新兴小企业要如何生存？如果不创新经营方式，只与国内对手竞争，分抢跨国公司吃剩下的1%份额，那京信通信的生存将步履维艰，永远难以发展壮大。其实，从决定创建京信通信那一天起，霍东龄就决心与跨国公司抢饭吃，在国外厂商的垄断中杀出一条血路来。

霍东龄拿出了他求学时的韧性和经验。商机就像学术问题，同样可以去科学地调研、学习和发现。一方面，他对国内移动通信设备市场进行了深入调查；另一方面，他非常注重研究各个外国公司，希望找出对手的弱点。终于，一家跨国公司发表的文章引起了霍东龄的注意，文章内容大致是说该跨国公司在中国市场上的拓展不顺，但该公司认为这并不是他们本身的技术和设备问题，而是因为中国的客户企业不会对设备进行安装和维护，使设备难以发挥应有的功能。

跨国公司把责任推到了中国企业身上。但霍东龄的想法不同，他认为这不是把责任推给谁的问题，而应该思考如何从商业运营的角度出发，负起这种责任。他还记得在华南理工大学求学的时候，老师就曾经用工程学的思维教过他：创新的过程就是提出问题、解决问题的过程，任何一个问题只要被提了出来，就总有办法解决。跨国公司提出了一个问题，不管这个问题是谁的责任，谁把它解决了，谁就能取得成功。

想着想着，霍东龄兴奋了起来，如果有中国企业能把这个责任承担起来的话，会不会比外国企业更有优势？这会不会是一家小公司走出困境的机会呢？

学术式的研究眼光帮助他进行了更深入的研究、分析，找到了问题的症结。原来，移动通信设备有非常复杂的应用环境，每个环境的应用方式都不同，比如在地铁里怎么用，在校园里怎么用，在高楼大厦里怎么用，等等。跨国公司卖出设备后，却很难提供配套服务支持。仅就广州这座城市来说，高楼大厦就有千百座，要对这些区域做到配套服务完美覆盖，首先要投入大量人力、物力进行现场勘测，而外国企业根本不可能进行这种大规模的现场勘测。

中国古代讲求天时、地利、人和。外国企业或许有技术优势，却没有"地利"。在霍东龄面前，这成了外国企业致命的弱点。他立刻发挥自己公司的本地优势，随之设计了适合自身的商业模式：将勘测、设计、安装、调试、维护等一并打包出售，为客户提供"一条龙服务"，让移动运营商感受到京信的价值。

在今天看来，这是一种相当常见的营销理念，"一条龙"式的服务也已经成为许多电信服务商的成熟模式，然而在当时，这却是一次具有创新意义的尝试。霍东龄按照这个思路，尝试着按这种商业模式去做，结果发现可以给客户带来很大的收益：让客户做到零库存，节省现金流和库存空间；让客户减少管理环节、维护环节，省心、省力、省钱又省人工。在国内的移动通信设备市场上，"一条龙"服务开创了一种新的商业模式。

在霍东龄的引领下，京信的道路从此变得宽敞，2006年，霍东龄获颁"亚洲商业领袖奖"，是当次获得该奖的唯一中国企业家。到2009年，京信通信已由当初十来人的小公司，发展成了行业内数一数二的大企业。而霍东龄，也从一名华南理工50177班的大学生，成长为举足轻重的民族商业领袖。

在一家企业取得成功的路途上，有许多重要的因素，其中"人才"为最重要的因素之一。除了重视产品本身的质量和科技创新，营销理念和用人方式的创新也是一个称职的企业管理者必备的素质。在这个意义上，每一位华南理工大学毕业的企业家都拥有自己职业生涯的亮点。霍东龄的成功起始于他对于营销模式的创新，而他的同学黄宏生则因为创新式的人才挖掘而在业界闻名遐迩。

黄宏生是著名的创维集团创始人。在大多数人的印象中，创维就像一面鲜艳的旗帜飘扬在他的生活中。然而，如果不深入了解创维的发展历史，人们并不知道，创维是以一家小小的贸易公司为起点，只用了16年时间就闯进国内彩电制造业三甲之列的企业。

曾几何时，黄宏生还仅是个初出茅庐的创业者，他生产遥控器，却被跟进模仿；他进军丽音解码器，却因为市场突变导致货品积压，出现大额亏损……经历了一次次打击后，在焦急与繁忙中，他病倒了。生活这堂课总是需要让人们交一些"学费"才能够得到生活的真谛。然而，创业与10年前的华园生涯不同，并不是交了学费、努力学习就一定可以学有所用，相反，换来的可能是惨痛的失败。

永不放弃的黄宏生决定背水一战，咬牙签署了个人担保贷款，组织队伍开发彩电。

机会总是留给有准备的人。经历了漫长的黑夜，黎明终于露出了一丝光芒。1991年，香港著名的彩电企业讯科集团因财政困难，急于出让，由于当时的彩电市场潜力巨大，商业巨头蜂拥而至，争相抢购。

与这些巨头所携带的巨资相比，黄宏生在资金方面没有任何机会，但他有自己的想法。曾经在华南理工受过高等教育的他深深知道，无论什么样的经济实体，人的智慧与知识才是最重要的财富。他不可能去学习彩电行业的所有知识，但他可以把拥有这些知识的人召集到一起，共同创造财富。

所谓创新，不仅要有创新思维的能力，而且要有胆识。这两点，黄宏生在华园中都学到了。在其他公司忙于抢购迅科硬实体的时候，黄宏生铤而走险，出让自己公司的股份换取资金，瞄准科讯的软实力，精准出击，将迅科的技术骨干拢入旗下。

最终，他以极低的成本成为这场商战中的最大赢家。9个月后，创维开发出国际领先的第三代彩电，在德国的电子展上获得了第一笔2万台的大订单。依靠这批技术骨干的知识与智慧，黄宏生征服了欧洲市场，从绝境中走了出来，从此开始了一个国际知名彩电品牌的道路。

黄宏生在科讯收购战中用令人称道的表现向世人证明：创新思想是一种财富。这句话并不是修辞比喻，而是对事实的描述。思想财富和数量不大的市场资金进行创新式的组合，做别人想不到的事情，完成别人花巨资也无法完成的事业。而他，只是华南理工创新队伍中的一员老将。六十多年来，这支队伍遍布珠江三角洲、华南地区乃至中国和全世界。一个个华南理工人开创的品牌、一项项在华南理工人带领下研制出的创新技术、一条条华南理工人开创的商业经营模式为华南理工大学这一金字招牌再添锦绣。

此时此刻，华园创新的脚步还在继续，创新成为华南理工大学精神的精髓。正如华南理工大学校长王迎军在《光明日报》上发表的文章所述：

"作为自主创新的国际团队、创新型国家建设的生力军，研究型大学必须着眼世界发展格局，解放思想、先行先试，以开放的气象和改革的勇气，思考和探索人才培养的新思路、新政策、新举措，迈出培养拔尖创新人才的坚实步伐。"

第三节
不甘安享功劳簿　综合办学筑新宇

"这是我们几代华南理工人一直以来的一个梦想。"在华南理工大学医学院建成之际，王迎军校长深情地说道。

2014年9月12日，由华南理工大学、广东省医学科学院联合创办的华南理工大学医学院在大学城校区正式挂牌，在学校的相关理工科优势学科基础之上，如电子信息、医学影像、自动化、机械装备、材料、生物、计算机、软件等，一所有特色、研究型、国际化的医学院诞生了。

次年9月，医学院迎来首届学生，共有30名本科生，以及20名硕士及博士生。医学院的正式招生，是华南理工大学形成新学科的又一个增长点，也是学校多年来谋求发展生命科学的努力取得的重大进展和突破。

博学慎思，不仅是华南理工校友的一种集体性品质，更是学校的传统品质。只有在博学多识之风盛行的校园中，才能培养出博学多识的大学生。对于一所大学来说，不满足于已经取得的功劳，不断改善自己的学科结构、反思自己的教育理念，这就好像一个人需要不断改善自己的知识结构、反思自己的人生道路一样，是高等教育发展之路上至关重要的法宝，是不断培养更加优秀的毕业生的基础。

回想20世纪80年代初的华南理工，沐浴在改革开放的春风下，学校已有的成就已经稳定地形成了在华南地区的工学优势，也培养了大批优秀的人才。在此基础上，若想继续发展，除了把工科见长的优势领域继续做大做强之外，必须要建立综合性大学，在上至天文、下至地理的不同学科之间建立更加紧密的联系，让学科之间互相影响，共同进步，建立综合性的高等教育体制。

为顺应时代需要，响应国家号召，学校开始不断完善学科体系、创新教育理念，在强大的理工科资源基础之上，从20世纪80年代起陆续创立了包括工商管理学院（前管理工程系）在内的多个非理工科院系，实现了由多科性向综合性、由教学研究型向研究型、由半开放式向开放式大学的转变，再到如今办学实力显著增强，成为以工见长，理工结合，管、经、文、法、医等多学科协调发展的综合性研究型大学。

正所谓"欲穷大地三千界，须上高峰八百盘"，他们克服重重困难，只为了一个远大的目标，那就是将学校建成国内一流、世界知名的高水平研究型大学，培育复合型人才，为中国的现代化崛起输送新鲜血液。

万事开头难，在建立新学科的过程中，一代代华南理工人付出了艰辛的努力。20世纪80年代初，时任院长的刘振群大力推进复办理科专业，经教育部批准，应用数学、应用力学、应用物理三个理科专业相继复办。1982年，学校建立了管理工程系，并于翌年秋季开始招管理工程专业本科生；1984年建立社会科学系，设置工业经济基础和马克思主义基础两个专业，从1987年起招生；1985年建立外语系，设置科技英语专业，从1988年招收本科生。在这一系列的学科改革和教学科研改革中，学校从单一的工学院向以工为主、理工结合、兼有文科和管理学科的综合性大学方向过渡，办学方向从单一的培养工程技术人才向综合的科技人才过渡。

与此同时，学校为了使教育适应社会主义现代化建设的需要，根据经济体制改革和社会其他改革的形势，对专业和学科设置进行了调整。在这些调整中，除发展经济和社会发展亟需的应用学科外，一个重要特点就是积极发展新兴、边缘、交叉学科，更新传统学科的内容，组织跨系、跨学科的综合性重大工程项目，实现了全校学科的联合和渗透。

在这个阶段，学校不仅在教学领域的一系列改革中取得了显著成效，本科生、研究生教育、硕士点、博士点的建设以及科研工作和重点学科的发展都得到了进一步的提高，实验条件、生产设施和校舍建设等硬件系统也得到了明显改善。

随着办学"转轨"，学校的教育改革不断深入，人才培养质量和学术水平逐步提升，从而更好地适应了经济社会发展的需要。早在1984年12月，中共中央政治局委员、中央书记处书记胡乔木，中央书记处书记胡启立听取了时任学校党委代书记庞正、院长刘振群汇报学校工作后，充分肯定了学校转变办学方向的做法，说："你们面向四化，面向经济，搞多层次办学和三结合开放办学，培养人才，给各方面的支持很大，显示了开发智力的力量，对发展生产起到了很大的推动作用。"

三年之后，在建校三十五周年之际，校报头版头条发表文章《继往开来　深化改革　不断前进》，文中指出："我们已逐步建设成为一所理工结合，兼含文、管，学科专业配套比较齐全，具有华南特色的综合性大学。"

1988年1月，经国家教委批准，华南工学院更名为华南理工大学，学校在多学科方面的设置不断完善，综合实力不断提升。此时的华南理工大学培养出的学生拥有更加全面的素质，而学校也具有了向学生提供多学科教育的实力。

在最早于华南理工大学接受多学科教育的优秀学生中,姚振华便是其中一位佼佼者。1988年至1992年,他就读于华南理工大学工业管理工程和食品工程双专业。90年代初,他身怀母校所传的双项绝技,只身奔赴深圳创业,投身房地产行业,创建了著名的宝能集团,成为深圳宝能投资集团有限公司的董事长。

在华南理工大学开始准许本科生读第二专业的时候,出于积累技能以应付未来工作挑战的实际考虑,姚振华选择了食品工程作为第二专业。在本科四年中,他比同班同学多学了约30门课程,并多做了一个毕业实习和一项毕业设计,自然也比其他人付出了更多。正是姚振华的这种好学精神,奠定了其创业创新之路的精神与文化基础。

当年,姚振华对第一专业工业管理工程做了认真冷静的分析,为尽量扩展自己更全面的文理知识,丰富自己的头脑,尽量争取以较全面的技能面对竞争日益增大的社会,他毅然选择读第二专业,哪怕会比同学更辛苦。

毕业以后,姚振华毅然前往深圳闯天下。二十世纪八九十年代,虽然无数人曾前往深圳淘金,无功而返却也不在少数。要在这个相对于内陆省份更加开放的城市生存,他已经从华南理工大学学到了所需的知识,亟须加强的是应用这些知识的能力和历练。

1992年,伴随着邓小平的南方讲话,刚走出大学校园的姚振华立即跟上时代的脚步,白手起家,创立宝能投资集团有限公司,开始了自己的创业之路。1998年伴随福田中港城商业房项目的启动,起家民生产业的宝能,正式踏入房地产领域。过后的几年里,宝能先后进行了多元化战略布局,进入物流、酒店、文化旅游等产业,在房地产行业沉寂良久后,于2005年带着深圳宝能太古城向外界宣告回归。太古城的成功,使宝能集团形成了其独特的"大地产"模式,并拉开了全国扩张的序幕。

姚振华创业,始于中国城市经济高速发展的90年代,城市房地产业的模式还有许多亟待开发的不定因素,而他则与时俱进地结合这个时代背景,在长年的企业建设中渐渐摸出了"城市综合运营专家"的定位。同时涉足综合物业开发、商业运营、酒店餐饮、现代物流、文化传媒、金融业及民生产业的宝能,还以"产城结合"的新模式,在不到二十年时间成为中国城市综合体与产业地产开发的领军者。

2014年,宝能获得中国蓝筹地产"最具竞争力城市运营企业"大奖,并进入中国房地产品牌价值50强。随着各项业务迈入跨越式发展的新阶段,今天的宝能提出"建一流企业,树百年目标"的远大目标,不断提升管理,优化产品的服务,力争成为国内最具知名度和影响力的多元化集团企业。虽然宝能在城市产业方面的创新很有一套自己的实践经验，然而，姚振华在谈起自己的创业感想时，总结却非常朴素。他认为"创业"二字从来都不是那么简单、机械，成功来自于我们所接受的教育和自身对社会现状的判断。姚振华真诚地说，每个人的际遇不同，没有共同规律，大学生的择业和创业需要结合实践以及学科爱好进行自主判断。

姚振华认为大学时期是自我充电的大好时期。扎实的专业知识、流利的语言表达、广泛的书籍阅读、良好的团队合作等都有助于未来事业的发展。每个成功的人都书写了一部奋斗史，汗水作纸，坚持为笔，记录过程的辛酸和结果的欢乐。

本着这种精神，姚振华曾总结说，身为创业者，当有"准备下海，就准备好脱几层皮"的魄力与决心。一要有理想，二要有坚持，三要有担当。创业道路上，他认为若能本着"深入分析社会产业变革方向、判断创业空间、高效执行"的路子稳步开拓，就可以少走弯路，包括他在内的一代代的华南理工人正是凭着"扎实、朴实、实干"的华南理工人特质，追求产业理想，实干兴业，报效社会。

宝能在房地产及其相关行业的创新精神为社会和媒体所津津乐道。在许多人看来，像他这样一个如此成功的创业者必然是妙语连珠，靠聪明才智与思想立足于社会。事实上，他是一个低调务实的人，在与他人分享创业经验的时候，他并不过多地强调创新本身的价值，而是强调创新背后的基础知识与基本技能，强调终身学习和与时俱进，教育后辈做一个扎实的创业者和创新者。

值得一提的是，在华南理工大学医学院创建的过程中，姚振华主动提出支持学院的建设。对于姚振华来说，他的成功得益于母校的多学科教育，如今又助力母校建立新学科、建立更完善的学科体系，有如慈乌反哺，对学校、对他本人都有着特别的纪念意义。

对于大多数华南理工大学企业家校友来说，走创业之路成为一种具体的目标和理想，都是在他们读书或工作的过程中渐渐形成的。学校教授他们专业知识，培养了他们的思维，塑造了他们的人格。他们则靠着这些底气，在创业的过程中自己摸索、学习管理经验。

20世纪80年代随着社会和经济的发展，一门名为工商管理的新学科开始在中国逐渐盛行。1982年，华南理工大学工商管理学院的前身管理工程系成立。成立之初，由于缺乏管理方面的专门人才，许多老师都来自工科院系，他们用智慧和毅力共同开拓这门新的学科。

姚振华已然是一位幸运者，学校的发展让他有机会学习工商管理的课程。也就是在姚振华上学的那几年中，华南理工在工商管理学科方面的实力快速加强，学科系统逐渐成形。1992年，在管理工程系和社会科学系工业经济教研室的基础上，华南理工大学组建成立工商管理学院。

新的学科提供了新的机会。除了传统学科本来的育人功能之外，工商管理学科还系统地教授学生如何创办、管理企业和商业。以往要靠创业者自己打拼，甚至碰壁无数次才能得来的宝贵经验，如今可以在华南理工大学的校园里学到。虽然从课堂知识到将其娴熟运用也并非都能一帆风顺，创业者仍然需要付出不懈的努力，要经得起考验，但这毕竟从总体上减少了创业者所走的弯路，提高了他们作为企业家的专业素养。

从20世纪90年代初开始，从这里走出了一批又一批的商界精英。

1987年，一个叫王文生的年轻人刚刚二十出头。当时正值改革开放颇见成效之际，市场经济的势头也逐渐热了起来。中国大学校园里的教育思维也随之处在一个转变的过程中，向着更加务实、更加多元化的方向发展。

生长在这样一个时代，与同龄人相比，王文生有着更加与时俱进的人生目标，他看到了创办实业作为一种时代潮流所体现的力量，很年轻时就将自己的人生目标锁定在"创业"上。他常常思考自己的未来，觉得自己是个喜欢做实业的人，想认认真真地做一些实事。

作为一个已经立志创业的实干主义者，王文生对华南理工大学低调务实的学风心生向往，与此同时，华南理工早期培养出的毕业生已经开始在市场上做出成绩。这些因素都促使他毫不犹豫地来到这所学校，在华南理工大学工商管理学院完成自己硕士学位的深造学习。

三年的研究生生活让王文生受益匪浅。他后来还总是提到当时工商管理学院的院长厉以京老师。他认为正是有如厉老师这样开明老师的谆谆教导和无微不至的关怀，才有他后来取得的成就。

当时，王文生想去外企实习，以求得更好的创业经验，但是在当时那个年代，进入外企单位实习的门槛高。这时候，正是厉以京对王文生的帮助，让他成功进入外企进行实习。王文生是幸运的，对于每一个有才能、有学习魄力的学生，母校的老师都会尽力帮助。

谈及实习的感受，王文生无不感慨地说道："在外企，老板会让你承担很大的责任，比如说将一个完整的项目交给你，这个过程中的大部分甚至所有的困难都要靠自己解决，而他要的只是结果，所以说工作中的每一步都是需要自己去主动摸索的。"

执着、认真的王文生没有辜负工商管理学院老师的期望，他从基层车间一步一步做起，从技术到管理，将难题逐个击破，逐步提高自己的能力。在实习将要结束的时候，他对一个产品，从图样设计到模具制作、再到生产装配乃至质量控制，每一环节都了如指掌。

实习虽然艰苦，但是有付出就一定有回报。王文生在毕业的时候，已经积累了比许多同学更多的创业经验，而他对自己的人生规划一直很明确，那就是创业，实现自己的人生价值。在这样的情况下，他毅然放弃待遇优厚的工作，坚持自己的梦想，接受创业的挑战。

创业初期，一切都非常艰难。要将学校里的知识变成实实在在的经济实体，必然有一个摸索实践的过程。当时，王文生在工商管理学院的导师来到他家，发现他家里没有一件像样的家具，甚至床和桌椅全部都是用泡沫拼凑成的。尽管创业的条件十分艰苦，可在他心中，追逐梦想就是最大的快乐，持之以恒，锲而不舍，并乐在其中。

学校教育培养了王文生敏锐的嗅觉和果断的判断力，他需要的只是一个合适的机会。1994年，他洞察到通信行业即将得到大发展的时代气息，用全部身家出资，与人合资创立深圳市日海通讯设备有限公司，走上了艰辛却充满希望的创业之路。作为日海通讯的创始人，他一直心无旁骛地专注于通信网络物理连接领域。

通过在营销网络、研发能力、供应链管理、专业人才培养等方面持续不断地投入建设、精耕细作，日海通讯已成长为国内同行业的龙头企业，产品销往全球30多个国家和地区。日海品牌与华为、中兴一起走向了世界。

作为学校培养的工商管理专业人才，王文生终于做到学有所用，达成了立志创业的梦想。结合自己的学习和经验，他精辟地总结了两点：第一是要对自己的产品有合理的定位，而这个定位则要通过分析自身的优势和劣势来决定；第二就是要持之以恒，踏实肯干，当创业者的目标已经明确的时候，就要锲而不舍地坚持下去，五年、十年、二十年，直到目标实现。

在关于这两点经验的具体描述中，王文生曾经这样说过："我没有打败过任何对手，只是做好了自己该做的事情。"朴实而精炼的一句话，从中我们看出他谦虚严谨、低调务实的华南理工人的品质，这种品质意味着他的成功绝非偶然。

学校的教育让王文生懂得用更加科学的思维管理企业。他的员工评价他时，说他总能敏锐把握市场动态、管理思想超前。

离校多年的王文生总记得母校恩德，时刻关心学校里学弟学妹们的创业之路。在这点上，他喜欢与当今的大学生交流。在他看来，当代的大学生在专业学习的选择上要独立思考，在就业的时候本着对自己负责的原则做出选择，将来才不会后

工商管理学院坐落在五山校区12号楼,这座建于20世纪30年代的古建筑,在红墙绿瓦之下继续培育着创新创业人才

悔。另外,当今的社会十分浮躁,社会中充斥着一些所谓的"一夜暴富""一夜成名"的说法,而大学生一定不能好高骛远,要戒骄戒躁、脚踏实地地工作。特别是第一份工作,对大学生显得特别重要,一定要在这份工作中锻炼出扎实的基本功,日后才能有良好的竞争力。

王文生,一个从华南理工大学出发的追梦人。梦想让他在奋斗的道路中不曾迷茫,持之以恒则完美地诠释了拼搏与创造的精神。所有这一切,造就了一个能够与时俱进、立志创业的新一代实业家。

为了达成创业梦想,还有不少人像王文生一样,年纪轻轻,就已经有了明确的人生规划,立志投身实业,选择在华南理工大学接受正规的工商管理教育。他们毕业后虽是白手起家,却已身怀绝技,谨记母校的培养,从基层做起,最终踏上成功之路。

同时,也有另外一群企业家,在成为华南理工的一分子以前,就已经是成功的商业人士。他们不满足于现状,决定重返校园,攻读高级工商管理(EMBA)专业课程,潜心深造,只为让自己的企业步入更高境界。

2002年，经国务院学位委员会批准，华南理工大学成为全国首批开办EMBA教育的30所高校之一。岭南商圈"敢为天下先"的务实、果敢，铸就了华南理工EMBA的性格；这所大学理工优势明显、严谨治学、兼容并包，研究型和国际化的名校特质，奠定了华南理工EMBA的深厚根基。

EMBA充分发挥学校在学科、区位和品牌的优势，立足华南，精准把握珠三角经济发展脉搏，深刻体察企业、学员所需，精选全球的师资，以广博知识、多元化视角，解读现代商业智慧。这些年来，它同世界名校美国加州大学洛杉矶分校、普渡大学、意大利费拉拉大学等建立EMBA学习、参访项目，带来全球化的思维大碰撞，拓展国际视野，为中国培养了大批综合型、国际化和高水平的管理者，无愧于"企业家的摇篮"的称号。

2011年，华南理工EMBA以"市场声誉""毕业生评价""办学特色评价"三个指标衡量，入选第八届"中国市场最具领导力EMBA"，并荣获"最佳师资力量"单项奖；近年来，它还获得了2013年度华南区域值得推荐EMBA单项奖、2014年度"华南地区最具影响力EMBA教育项目"奖、2014年"南方致敬·最佳市场营销奖"等多项荣誉。

或许有不少人都会有疑问：EMBA项目招收的都是已经取得一定业绩的商业人士，甚至是已经拥有上亿资产的商界精英。他们的人生已经如此成功，为什么还要回到学堂里？

对此，不同的学员有着不同的答案，而华南理工大学EMBA项目2004级校友赵伟平认为，EMBA给人带来的提升是在不知不觉中的潜移默化。课堂上的理论总结、指导、提升令他体会颇深，受益匪浅。

赵伟平是中国第一位民营烟花出口商，也是国内最大的烟花爆竹企业的奠基人。他是北京奥运会焰火燃放团队总指挥、广州亚运会开闭幕式的"烟花大王"，被誉为"中国烟花第一人"。

2004年，赵伟平在共青团广东省青年联合会组织下到华南理工大学进修工商管理学院的EMBA课程，20世纪80年代大学毕业的他，时隔二十年，又回到校园，准备补充知识，力图攀登人生的更高峰。作为一家大企业的管理者，他工作已经非常繁忙，却仍坚持到华南理工学习。谈及这样做的原因，他认为工作和学习并不矛盾，因为工作需要不断地充电，不断地学习和与人交流，忙不能成为不学习的理由。

赵伟平认为，通过老师授课、同学交流，才有机会了解到更多最新的经济形势和经济状况。对于学校开设的EMBA课程，让他记忆最深刻的是蓝海林、陈春花等几位导师的课程。回忆起在华南理工大学读书的经历，他特别赞扬了学校的师资："母校请的老师都很好，很多课程都是名师授课，有时候还会聘请其他大学管理学院院长来校授课。"

在华南理工大学读 EMBA 的三年，也正好是他收购中国烟花行业唯一上市公司湖南浏阳花炮股份有限公司的时间。这一收购耗时长久，而他则边学边用，把课堂知识和实际经营有机结合。通过学习，他懂得，企业要做大做强，就要实行企业规范化。

"上市公司可以'造血'，募集资金，上市公司解决了民营企业的资金瓶颈，但是监管部门对公司上市的要求就更高了，要求企业规范化经营。企业不规范很难做大，或者说做大了不规范，很可能会出问题。"

带着把企业做大做强的理念和方法，赵伟平从学校毕业了，一边继续开创事业的高峰，一边常和母校联系。在华南理工大学刚成立创业教育学院时，他还被学校聘请为外聘教师。他喜欢和大学生交流创业经验，跟大学生们聊天，畅谈人生未来发展的规划。

在一次访谈中，当问到大学生要想进入到理想企业要具备何种素质时，赵伟平首先直言道："现在有些大学毕业生比较浮躁，自己搞不清楚自己要什么。学生的思想状况和实际状况有比较大的距离。所以学校办学不但要注重学生理论知识的学习，还要注重学生素质的培养、道德情操的培养。"

赵伟平告诫年轻人一定要明确自己想要什么，找准目标后，就要付诸实际行动。"当你有一个目标的时候，你要执着地坚持和付出。你能做到最后，做到脚踏实地，做到全心全意，全力以赴，尽可能发挥到自己的最好，那就没什么不能做到。"同时，他还提醒大学毕业生们在选择工作岗位的时候，不能"挑肥拣瘦"。"当你在一个单位里工作，不论你是否满意，既然已经选择，就应该全心全意，全力以赴。任何地方都有好的机会，任何一项工作都能提高自己的能力。只要真的做到全心全意，你肯定会有机会调整到更好的工作岗位。"

他认为每个人都应该一个阶段、一个阶段地规划自己的人生。国家有五年规划，企业有五年规划，做人也一样有很多个"五年规划"。人如果从二十几岁毕业，工作到七十多岁，正好有 10 个五年。所以规划做得好，五年就可以看到一个变化。"大学的时候，我们就可以做毕业以后的规划，然后就要提前做好一些准备，那么毕业以后，你就会对自己职业发展有比较清晰的概念了。"

他还提醒大学生，在实习时要学会转换思维，把实习看作是一种学习。他说："读书期间，如果你模模糊糊喜欢某个领域的工作，你可以利用暑假接触一下相关方面的工作，给自己一个了解这个行业的机会。有时可能会很辛苦还没有多少报酬，朝左想一想可能会很辛苦，朝右想一想可能会很开阔。向截然相反的两个方向想问题，得到的结果是不同的。一个让你很开心，一个让你很苦闷。年轻人要有一些奉献精神，这个奉献会让你获得的更多。"

赵伟平回到大学学堂的做法与母校发展多学科教育的思路如出一辙，那就是不甘于已经取得的成就，不断地求新、求变、求发展。邓小平同志曾经用"发展才是硬道理"总结中国的经济体制改革和现代化进程。中国的大学致力于为中国的现代化进程输送人才，因此对于中国的高等教育来说，这句话同样适用。发展是没有止境的，求发展便不可停下脚步。攀登上一个高峰，也不会有丝毫满足，而是华丽地转身，将目光瞄向更多的崇山峻岭。

在这条发展的道路上，学校在学习，学生在学习，毕业生在创业路上依然在学习。博学慎思，这一出自中国古典文化的学习精神，在华园中代代相传。下面这段姚振华关于创业的经验之谈，是对华南理工大学企业家校友学习精神、创新精神的贴切描述：

"谋发展，就要与时俱进，不断学习和创新，稳健前进。重视企业文化的发展，将社会视为永远的大学，树立终身学习的思想。这样的企业领导者和他的团队，必将稳步前进，越走越好。"

打铁还需自身硬。虽然创业之路布满荆棘,但刻苦、充实的大学生活已经赋予华南理工毕业生独立健全、坚韧不拔的人格,使他们有能力、毅力和魄力冲破险阻,实现梦想。

第三章 坚韧不拔 淬火成钢

在华南理工大学1号楼的东侧，竖立着一块石碑，碑文《国立中山大学新校舍记》记载了邹鲁受命选址石牌建校的经过，而这也是今日华园的肇始之端。

筚路蓝缕，以启山林。校园的建设饱含着建设者的艰辛，在三期的建设进程中，曾多次因资金、战争等因素被迫延期或中断。"移山填坎地成平，百尺高楼拔地生；得到安居思创造，一沙一石费经营。"这片土地上凝结着太多的心血和希冀。邹鲁在其回忆录中谈道："为了筹款，除没有叫爸爸和向人叩头之外可说一切都已做到。"正是因为建设过程如此艰苦坎坷，当楼宇簧舍落成之时，才更显其价值和光辉。

《国立中山大学新校舍记》石碑记载着华园肇端

一方土地养育一方人。历经岁月的沉淀，这种刚毅坚韧的品格一直在代代学人身上延续，他们在这里尽情地吮吸着成长的营养，在这里磨砺自己的意志品质，从而使他们能够在追寻梦想的道路上披荆斩棘，创造着人生的辉煌。

在挫折与困难面前屹立不倒的前提是自己的根基必须足够扎实。二十世纪八九十年代的学生在学习和生活条件极其艰苦的环境下，废寝忘食地投入学习，唯恐自己在时代中掉队。因为身体原因，霍东龄克服各种困难，用九年时间完成大学学习；莫道明、李卫忠进入自己不甚理想的专业，仍扎扎实实走好每一步，最终实现华丽转身。

在步入社会以后，企业家校友们也都恪守求真务实的精神品质，一步一个脚印地前进，李东生、黄宏生、梁伟、黄建平、李永喜……他们主动要求进厂房，下工地，一点一滴从基层做起。而这些经历，为他们的长远发展积蓄了巨大的能量。

都说困难是成长的试金石，二次创业的陈伟荣、黄宏生曾经历过别人的质疑，叶茂、黄建平曾挽救工厂于将倾之际，海外创业的蔡建中、张海明更经历了别人难以想象的困难，但他们都坚持了下来，他们以自己的智慧和勇气在一次次跌倒和爬起中实现了人生梦想。

的确，心中有梦，就不怕路途艰险，即使再大的困难横亘在面前，也不足为惧。易贤忠、谭颂斌、李永喜、宁一海、詹智勇……他们曾手捧铁饭碗，但只有自己才知道内心真正的渴望。为了追寻心中的梦想，他们义无反顾地踏上了艰辛的创业道路，在风雨搏击中，升华着自身的价值。

第一节
强者魄力何处寻　只缘求学华园中

早些年从华南理工大学毕业的学生，都有着这样的记忆：经过几天几夜的舟车劳顿，到达广州站。一下车便见到华南理工大学新生接待处，签了到，坐上一辆巴士，缓缓驶出广州市区。那时出了东山口，天河一带全是农田，一派田园风光。道路两旁棕榈树、葵树、芒果树等树木林立，路边还有两条不宽的小河，人车极少，穿过华南理工大学石牌坊进入学校大门……每一位学子都满怀激动与期待奔向心中的殿堂，拥抱火热的青春。

白驹过隙，若干年后，他们成长为祖国各条战线上的精英骨干，不少人更成为叱咤风云的商界领袖。但无论何时何地，华南理工大学永远是他们的心灵港湾，是他们不断前进的活水源头，让他们在前行的路上披荆斩棘，引吭高歌。

身为商界强者，他们身上的韧性与魄力为人们所赞叹。身为华园学子，他们身上的华工精神是这些韧性与魄力的源泉。鸟欲高飞先振翅，人求上进先读书。"一鸣惊人"的背后，是长时间的蛰伏和积蓄。

刻苦读书本就是大学生的优秀品质，而在20世纪70年代末，对于刚刚恢复高考的知青大学生而言，能够有机会进入高等学府汲取知识的营养，更是极为难得的事情。因此，他们更加拼命地投入学习。1977级无线电专业校友、德生通用电器制造有限公司创始人梁伟说，他们当时每天到夜里一点才回到宿舍，早上五六点又起床了。为了抢到上自习的座位，每天吃晚饭后就在教室前排队。没有抢到位子的同学，在宿舍阳台或楼顶上找个地方，拉一根电线，接上灯看书。

翻开1980年6月16日的《南方日报》，报道了"文化大革命"后第一批大学生的精神面貌。报道的对象就是华南工学院无线电501专业1977级2班（501772）的同学。

无线电工程系50177（2）班毕业合影

当时，同学们最担心课上讲的东西少，唯恐自己上的课不够。为了争取学习时间，同样是毕业于1977级无线电专业、后来的京信通信系统股份有限公司董事局主席兼总裁的霍东龄在班里提出三戒：戒电影、戒电视、戒娱乐。当时学校有很多学生响应。要知道，在文娱生活并不丰富的当时，能在广州这样的大城市里看到电影和电视，是一件多么令人羡慕的事情，而他们却主动放弃了这样一种生活体验，只为更好地投入学习。

教材短缺是恢复高考后大学生们面临的主要问题之一。华南理工1977级学生、深圳中电开拓实业公司董事长冯成光讲述了他和同学排队买书的情景。那时候听说五山书店将运到一批教学参考书，天不亮，门前就排起了长队。有感于这一经历，后来冯成光写了一首词："东方未晓，捷足先登了，幸有街灯帮夺秒，惊起枝头梦鸟，喜看背后长龙，远方步履匆匆。今日金科在手，何时问鼎高峰。"

"母校给予我太多太多。"广州裕立宝生物科技有限公司董事长陈锻成用这句话总结了他在华南理工大学求学的美好回忆。陈锻成1977年考入华南工学院工业发酵专业。陈锻成回忆说，在当时复杂的政治背景下，学校依然保持着求真务实、实事求是的作风，坚持自己的办学特色，给学生营造治学严谨的求学氛围，这是非常难能可贵的。陈锻成和他的同学们都很珍惜这来之不易的学习机会，学习都很刻苦。

"我们的老师真的很负责任！"陈锻成深情地说，"当时由于我们是'文革'后恢复高考的第一届学生，很多课程都没有现成的教材，专业课更是如此，我们的老师用手刻蜡纸油印教材给我们使用。他们恨不得抓住每一分、每一秒的时间把知识传授给我们。在课余时间，老师会亲自走到宿舍跟学生交流，为学生解答疑难。不管学习上还是生活上，他们都是我们的良师益友。"

正是有了在华南理工大学艰苦读书的经历，才为这些企业家积蓄了充足的能量。他们基础扎实，能力突出，并且能够在常人难以忍受的困境中咬紧牙关，矢志不渝地抵达胜利的彼岸。

母校对学子的关怀体现在方方面面，不但为他们插上腾飞的翅膀，还会在他们需要的时候，为他们拨开迷雾，提供必要的帮助。华南理工大学 1989 届校友、鲁班建筑集团董事长李国雄，将华南理工大学比作是身在云端的"武当山"，华南理工大学的老师就像是"张三丰"。在建筑的"江湖"中，他一遇到技术难题，想到的首先是重回师门，寻找帮助。用他的话说就是"有问题，找华工"。

李国雄自幼失怙，在建工系主任吴仁培老师的身上，他隐隐看到了父亲的影子。"在我心中，吴老师永远是一个慈父的形象，在批评中充满了爱。"回忆起老师，他至今充满幸福："他有一个大花园，四周栽满翠竹，饭香袅袅，二胡声若隐若现，充满了家的温情。"

而在教结构的冯建平老师身上，李国雄也深深体会到母校的治学水平。"冯老师对于结构的讲解，如同庖丁解牛，技近乎道。这种治学水准绝对是大师级的！"

20 世纪 90 年代初，在老师的鼓励下，李国雄辞职下海，创立了走在行业尖端的民营建筑高新技术企业。华南理工大学是孕育"鲁班"一路成长壮大的摇篮：公司的"第一桶金"来自校友的推荐，公司的主要技术人员都是清一色的华南理工大学校友，技术顾问是华南理工大学教授、建筑业专家。从 90 年代下海创业之初的公司定位，到成长为全国特种建筑行业中的佼佼者，谈起这段创业经历，李国雄笑言自己可谓是"华南理工人的鲁班、鲁班的华南理工人"。

而 UC 优视公司的企业文化"大五文化"更加形象地诠释了华南理工大学精神和文化的延续。华南理工大学计算机专业 1998 届毕业生梁捷和 1999 届毕业生何小鹏是师兄弟，也是 UC 优视公司的联合创始人。

UC优视公司提倡的"大五文化",是让每个UC成员在UC找到"大学五年级"的氛围,彼此以同学相称,大家在工作中延续着大学时的激情、勤奋、简单和快乐的理念。同时,通过不定期组织技术创新大赛和技术牛人经验分享会,让大家在不断的切磋中得以提升。弥漫着"大五文化"的UC更像个小大学,那种简单而富有热情的魅力深深地吸引着员工,那单纯的快乐仿佛能抵挡住社会的功利与浮躁,让每个到这里的人执着简单地去实现自己独特的梦想。

作为UC优视核心产品的UC浏览器,是国内最早的移动互联网应用之一,通过将云端压缩技术应用到手机浏览器上,大大节省了手机访问网站的加载时间和流量耗费,让很多中国用户第一次实现了手机上网。而今,UC浏览器正在进一步升级,在供给侧主打"万能的UC",不断提升内容的丰富度和高质量,将其打造成新媒体平台,实现从"人找信息"到"信息找人"的转变。

莎士比亚有这样一句话:"金字塔是用一块块的石头堆砌而成的。"雄伟高大的金字塔,并非一日建成,需要一块块石头垒上去。因此,每一步都必须扎扎实实,只有不断地坚持,高耸入云的金字塔才可以建成。因此,"不积跬步,无以至千里;不积小流,无以成江海",认真踏实走好每一步,才能最终抵达梦想中辉煌灿烂的明天,千秋基业是聚沙成塔的结果。

作为一所以工见长的高校,"求真务实"是华南理工大学一直以来的优良传统,而这种脚踏实地、扎扎实实走好每一步的基因也传递到代代学子身上,使得华南理工大学的学生在求学、工作、创业等各个方面都懂得稳扎稳打,让每一步都走得铿锵有力。

熟悉莫道明的人更愿意用"狂热"来形容他内敛的外表下隐藏的那股汹涌的"热恋"和澎湃的"激情"。作为华南理工大学1986届校友、广州昊源集团有限公司董事长,他热爱自己的母校,他执着自己的事业,他醉心自己的研究……以至于他的朋友们开玩笑说他是一个彻彻底底的"自恋狂"——恋自己所热爱的事物,对喜欢的事情总是难以抑制地迸发出激情。对于这一点,莫道明也承认:"我觉得我是一个'自恋狂',很执着,很自信!"

初入华园时,莫道明被分配到一个自己本来不太感兴趣的工控专业,但他没有盲目地排斥或是怨天尤人,而是乐观地接受新事物。学校浓厚的学习氛围让他试着从机器零部件的设计和工业画图操作中寻找乐趣,渐渐地,学技术、学理工那种讲求严密的逻辑关系和来不得半点虚假的务实精神,深深影响了他,本科毕业时,他每一门专业课都超过90分。

莫道明有一本父亲送他的日记本，扉页上写着这么一句话："人生每一步，都要走得铿锵有力，回过头来看才不会有任何愧疚与遗憾。"这句朴素却富含人生哲理的话语，从此成了他人生奋斗历程的注脚，踏实的脚步在他一路走来的道路上清晰可见。

"工商管理这个专业将来很有前途啊！"朋友的一句话，改变了他的人生轨迹。

在距离考研还有三个月时，莫道明做出了一个惊人的决定——放弃工控学院的保研机会，报考工商管理学院的研究生。做出这个决定无疑是冒险的，报考工管要考两门专业课——工业经济和企业管理，可是和工控专业课程打惯交道的莫道明连个管理的概念都没有，要在三个月的时间攻下考研笔试似乎难度颇高。在当时，该专业报名人数超过140人，而招生名额只有7人，功夫不负有心人，最终莫道明以优异的成绩考取了工商管理专业研究生。

"做一件事情，要有坚持下去的勇气，还要耐得住寂寞。"母校让莫道明懂得了什么是执着。他说，读书期间获取的理论知识和学习方法、学习心得对他以后的事业起了重要的作用，他的成就与"读书"密不可分。

"一个人就是这样，你一旦热爱做一件事情，你就会有激情，激情是事业成功的前提，但是激情需要理智，不然就成为狂妄了。"扎实的基础、热烈的激情，最终使莫道明闯出了一片人生的新天地。

像莫道明一样，从华南理工大学走出的许多毕业生都踏踏实实往前走，一步一个脚印。他们学会坚持，学会隐忍，从基层做起，从一点一滴中创造出擎天伟业。

华南理工1977级无线电专业校友、TCL集团公司董事长兼总裁李东生从TTK家电公司的一个普通技术员干起，"当时我的愿望就是当一名车间主任"。就是这个甘当车间主任的人，后来一手创办了著名的TCL公司。

同为1977级无线电专业校友、创维集团创始人黄宏生刚去中电华南分公司时，他强烈要求去维修部。这是个进出口公司，维修部是不显眼的部门，但他觉得他学的技术不能丢。

1981级校友、唯美集团董事长黄建平毕业时，一心致力于发扬工业精神，报效国家。因此，他大学毕业后主动要求到车间而不是办公室，从一名车间工人做起。高温、噪音、粉尘、高强度作业，让许多人打了退堂鼓，而黄建平没有怨言，他在一线工作中迅速成长起来，并积累了有关陶瓷生产的丰富经验。

1982级校友、金誉集团董事长李永喜刚毕业时，曾被分配到广州经济技术开发区明珠发电厂，跟着电厂的技术员描了两个多月的图纸，但他坐不住了，向厂里申请要下工地，和技术员们一同起早贪黑地干。在他眼里，仅仅纸上谈兵，远没有从实践中得到的多。

"任何人要成功，都要有历练过程！"东莞市德生通用电器制造有限公司董事长梁伟说。从华南理工大学毕业的许多人考进大学前都曾在社会上摸爬滚打，基层经验和社会阅历丰富，毕业后却仍然坚持从基层做起，没有好高骛远。

1988级校友、广州迈普再生医学科技有限公司董事长袁玉宇靠着对创新的坚持，对生物工程的信心，忍受住了寂寞。整整三年时间，他专注于研发，埋头于实验室，没有卖出过一件产品，没有想过赚一分钱。然而，他们却在寂寞中收获了无限的发展空间。最终，迈普开发的第一个再生型植入类医疗器械产品"睿膜"成功进入欧洲、美洲高端市场，这也是中国首个成功实现产业化的生物3D打印产品。

淬火成钢，因为在华南理工大学艰苦卓绝、扎扎实实学习的经历，使得从这里走出的企业家们有着高尚的品德、过硬的素质和超强的专业本领。他们是本领域的专家，懂得不断学习以求进步。他们拥有扎实的基础、自信的心态，更为重要的是，他们的品质曾在艰苦的学习和生活环境中历练，成为他们人生中极为宝贵的财富，从而使他们能够吃得苦中苦，不断克服前进道路上的重重障碍。哪怕蛰伏多年，心中的梦想和坚定的意志从不曾湮灭，最终达到别人难以企及的成功，收获人生的辉煌。

第二节
穷且益坚不言败　逆境更长青云志

泰戈尔曾说，"只有经过地狱般的磨炼，才能炼出创造天堂的力量。只有流过血的手指，才能弹奏出世间的绝唱。"的确，每一个成功的企业家必定会经过重重困难的磨砺。

华南理工大学的企业家校友们把困难看作人生的财富，他们攀绝壁以登高峰，斗风沙以鸣高枝，在困境中磨砺意志，提升人生的境界。而这种意志品质和精神境界与他们所经历的教育背景息息相关，华南理工大学给予了这些企业家成长的基石和阶梯。

1977级无线电专业的陈伟荣曾说，如果不是考上大学，他就是一个农民、一个有四五个小孩的农民。毕业后，陈伟荣从华侨光明电子厂的一名技术员做起，由于工作出色，他被派到日本学习。经过一步一个脚印的努力，陈伟荣逐渐崭露锋芒。后来，华侨光明电子厂改名康佳，陈伟荣担任总裁。他主持工作期间，康佳位列中国彩电企业第二名。

然而，从 2000 年开始，国内彩电业面临着前所未有的压力，彩电企业进入微利时代。依靠敏锐的嗅觉，陈伟荣选择了全身而退，并在 2001 年年初提出了辞职。

离开康佳后，陈伟荣创立了宇阳科技，将目光投向一个他并不熟悉的产业——多层陶瓷电容（MLCC）。而新建公司面临的困难，是陈伟荣始料未及的。

"我几乎尝尽了民企创业所遭遇的所有痛苦。"陈伟荣对经历的挫折刻骨铭心。从生产电视机转到生产上游的国内尚未生产过的 MLCC，陈伟荣面前的技术门槛可想而知。当时国内建立了 13 条 MLCC 生产线，虽然这 13 条生产线多数亏本，但培养了国内首批 MLCC 生产人才。于是，陈伟荣高薪引进，四处挖人才。但有 MLCC 人才，并不代表就可以生产出国内从未生产过的产品。为此，他又将目光投向全世界 MLCC 生产水平最高的日本，高薪聘请两个日本工程师，一个作为技术顾问，一个作为生产顾问，中外人才搭配。这样，总算建立起了产品研发和生产队伍，使生产逐渐走上正轨。

资金是更难的问题。面对 MLCC 生产所需要的几千万元投入，他只能向圈中朋友凑钱合股。由于 MLCC 是高科技产品，高科技首先意味着高风险，在产品前景不明的背景下，宇阳的创业融资靠的是民营企业的股份化机制。而股东愿意投钱进来，主要是看中陈伟荣的人品和信誉。

令陈伟荣印象深刻的是，2002 年，当宇阳将 0402MLCC 产品开发出来后，面临的是产业化所需的近亿资金缺口。为此，陈伟荣开始马不停蹄地四处游说，千方百计说服别人入股。经过不懈的努力，他最赢得了联想集团柳传志的信任，获得了农业银行的支持……

"干企业，就像一场永远的马拉松。相信将来宇阳会是个大企业。"陈伟荣对此有着强烈的信念。

在 20 世纪 80 年代初，77 级、78 级的毕业生有着非常好的就业前景。特别是像华南工学院这样全国重点大学培养的人才，常常是被各个单位抢着要。从某种意义上说，除了个人的努力，时代背景和学校背景也是他们发展路上的强心剂。

然而，事情总有例外。在陈伟荣等人已经向着自己的梦想前进的时候，他的同学霍东龄却一度被困在人生的低谷，几经挫折。1980 年，由于身体原因，霍东龄不得不辍学养病，没能完成学业。而后，他在广州郊区的高山微波站做着平凡普通的工作。但艰苦的环境没能阻止他对知识的渴求。

1983年，霍东龄进入北京邮电学院函授学院微波通信专业学习。由于课程的难度太大，班上的其他同学中途纷纷退学，最后，班上竟只剩下了霍东龄一个学生，直到1986年毕业。他成了北邮当年设立的微波通信专业唯一的广东毕业生。

自1977年考入华南工学院，到1986年从北京邮电学院毕业，霍东龄用了9年时间，才拥有了完整的大学经历。也许自己的工作和生活不像其他同学那样风光，但在这样艰苦的环境中，经过了困难的磨砺，霍东龄更加学会了如何去坚守，如何更快地学习和适应新的环境，如何更加高效地解决问题，从而使他在创业的征程中走得更加扎实，更加稳健。

1997年，霍东龄与大学宿舍同学张跃军一起，创办京信通信技术（广州）有限公司。初创时的京信通信，位于广州市郊一处废弃的营房里。那时的霍东龄既是设计师、工程师，也是工程人员、安装人员，还是公司的主力业务员，甚至带着员工为公司做绿化，在营房周围平整土地、种树、种草……然而，正是靠一点一滴的积累，一步一个脚印的坚持，霍东龄克服了无数难以想象的困难，带领京信通信成长为行业内数一数二的大企业。而霍东龄也从当初的下乡知青，成长为了"亚洲商业领袖"。

成功后，想起当年创业之初的不易，霍东龄这样说道："在人生面前，永远都不要提'失败'这两个字！人总会遇到困难，但没到底线就不要讲失败，而这个底线就是人的生命。"

华南理工企业家校友的韧性与魄力是一种品格，这种品格不仅帮助他们个人战胜了人生的低谷，也带领企业战胜了经营的低谷。90年代，我国的国有企业面临着必须走向市场，进行市场化改造的局面，这是一场事关生死的搏斗，那个时候国有企业几乎就要灭亡了。然而，那些走过了黎明前的黑暗，经历了浴火重生的国有企业，终于迎来了灿烂的春天。

2010年4月27日，人民大会堂。鲜花吐艳，华灯璀璨。华南理工1982届校友、海南金鹿投资集团有限公司董事长叶茂从党和国家领导人手中庄严地接过"全国劳动模范"荣誉证书。这个荣誉背后是一个企业华丽嬗变的神话，是一段轻千金、重然诺的故事，是一颗积极进取的责任心，是一份浓浓的感恩华园情。

1982年，时年22岁的叶茂从华南工学院机械系毕业后，被分配到原国营海南机械厂。他技术扎实，兢兢业业，很快就从一名普通技术人员升到副厂长。

1992年，叶茂被任命为海口八一手扶拖拉机制造厂（海南金鹿投资集团有限公司的前身）厂长、党委书记。头衔看似很风光，其实，当时全厂500多名职工中有300多人放长假待岗或停薪留职，1991年的工业产值仅114万元，而工厂亏损达千万元以至濒临破产。

临危受命，叶茂迎难而上，他庄严地向全体职工承诺："第一年打基础，第二年抓落实，第三年求发展，绝不能让国有资产贬值，不能让职工没饭吃！"

叶茂开始大刀阔斧地从管理体制到经营战略进行系列改革，企业的管理活了，职工干劲大了；他着力推进产品科研和技术创新，与产品研发团队反复试验，攻克了一个个技术难关，工厂的产品品种和质量上去了；他诚恳邀请待岗或停薪留职的职工回来和工厂一同进退，让这些职工有活干了，让职工的家属生活也有保障了。

叶茂一诺千金，当年企业大幅度减亏，第二年即扭亏为盈，之后虽历经挑战却依然高歌猛进。2009年工业总产值近2.9亿元，从114万元到2.9亿元，十七年间企业产值增长了254倍，由单一的生产拖拉机发展为机电、饮料、化工、建材、商业物业、物业管理、房地产、农业种养殖等多个行业并举，叶茂创造了一个企业"神话"。

正当企业发展顺利之时，2008年，金融危机来袭，全球经济遭受重创，企业倒闭增多，不少国际企业都纷纷开始降薪裁员，叶茂再次庄严承诺："我们不减员，不降薪，不给政府和社会增加压力。"职工们再次为之感动。冰冻的环境中"神话"依然上演，叶茂带领企业在金融危机年逆势增长。

每当回忆起那些经历，叶茂都感慨万千："任何企业的发展都不可能一帆风顺，不过危难都只是暂时的，不论多大的困难，我都和企业、职工一同并肩作战，不抛弃，不放弃，不仅成就了自己的事业，而且赢得了人心，真是'事在人为勤耕耘，枝繁叶茂得福瓜'啊。"

"我当时就想到要自己管理一个企业，就是要做厂长，这个目标是很明确的。"这是广东唯美陶瓷有限公司董事长黄建平在大学时期的梦想。1981年，黄建平考入华南工学院，因为对陶瓷行业的热爱，黄建平在大二时毅然转到无机材料系陶瓷专业学习，并从此与陶瓷结下不解之缘。

毕业之际，班上每个同学都有一个本子，大家在上面互贴照片，互赠祝福，以做纪念，而在黄建平的本子上，超过九成的同学赠言都是祝福他将来"做厂长"。

现实就像同学们祝福的那般美好，却又如黑云压城城欲摧般残酷。1988年，广东唯美陶瓷有限公司的前身——东莞市建筑装饰材料厂成立，黄建平出任副厂长，主抓生产技术。然而不久后，企业就遇到了濒临倒闭的危机，资产负债率高达200%。在这种内忧外患的困境中，黄建平挺身而出，力挽狂澜。"当时困难太大了，大到发不出工资。公司只能给每个工人发一张饭卡，保证工人有饭吃。"就这样，黄建平带着全公司一步步走了过来。

1997年，第一片马可波罗仿古砖诞生。一向注重创新和产品研发的黄建平，在当时"村村点火，户户冒烟，谁都能进来办陶瓷企业"的陶瓷市场里，率先树立了品牌意识，提出"小市场，大份额"的经营理念，并逐渐确立马可波罗作为仿古砖至尊的地位。从2004年开始，"马可波罗"品牌连续被排进中国最具价值品牌500强。"马可波罗"品牌传奇般的崛起，黄建平的成功在中国建陶业发展历程中被称为神话般的"唯美现象"。

说起华南理工企业家校友的韧性和魄力，就不得不提到他们中的一部分人曾经背井离乡、在外闯荡的经历。由于举目无亲，这一过程显得更加艰辛，而其创业成果也显得更加来之不易。

如同香港这个离开祖国母亲多年的游子一样，那些早年从华南理工大学毕业、闯荡香港的学子们，对自己的母校有着更为浓烈的情感。香江水悠悠，学子情殷殷。1969年，学校香港校友会正式成立，作为联络母校及海内外校友的纽带，校友们找到了温暖的"家"。"南国风光满眼底，海隅桃李系心头，老夫岂是贪娱目，为叙离情一离游。"这是挂在华南理工大学香港校友会办公室墙上的一首诗，也是华南工学院首任院长张进专门为1979年9月23日香港校友会首次组织的母校访问团的题词。

彼时，历经"文化大革命"的浩劫，校友们回到母校看到的是一片荒凉的校园，野草丛生，道路不通，建筑物破损不堪。然而，这丝毫没有影响校友们对母校的满腔热爱，相反，他们更深深感受到自己肩上的责任，他们要用自己的奋斗和成绩来回报母校的培养。而今，正如华南理工大学如诗如画的风景、蒸蒸日上的发展，在海外拼搏的校友们也一次次从逆境中重生，破茧化蝶，绽放出人生的光彩。

身为华南理工大学香港校友会永远荣誉会长、1956级校友、香港互太纺织控股有限公司董事局永远荣誉主席的蔡建中回忆："我们许多人自1958年开始先后离开内地到香港生活和工作，由于当时港英政府不承认中国大学的学历，较好的职位都不让我们担任，很多校友被迫放弃自己的专业，就算侥幸觅得对口的工作，工资也只相当于当地同等学力与资历者的三分之一甚至更少。"

学建筑出身的蔡建中，得益于当时香港建筑业的蓬勃发展，再加上同学的帮助，在建筑公司找到地盘监管的工作。令他印象深刻的是，华南理工大学的建筑实力雄厚，从建筑专业毕业到香港工作的同学更是非常出色。他们对香港的建设作出了重要贡献，但得到的待遇却十分低下。尽管如此，他们依然敬业乐业，发挥才干，不断开拓自己的新天地。正是这种在困境中保持乐观、永远向前看的心态，使蔡建中在以后的创业征程中不断创造新的奇迹。

除了蔡建中等诸多在香港创业的校友外，还有一些毕业生远离故土，走向更远的天地。泰国侨生王杏生1963年考入华南工学院化工系无机化工专业。"不学则无术"，热爱学习的王杏生常以此告诫自己，因此无论是在大学期间，还是毕业后走上社会，他都严格要求自己，不断学习、不断提升。

1968年，王杏生以优异的成绩从华南工学院毕业。毕业几年后，王杏生回到泰国，开始创业的道路。在泰国拼搏发展的四十多年里，王杏生先后成立了三攀化工有限公司、利士中轮胎集团公司、南才硫酸厂、佳友烧碱厂，产品出口世界各地。

回首创业的路程，王杏生坦言，读工科、搞技术、做工厂，是非常辛苦的事情。创业之初，千头万绪，早出晚归，他最怕半夜电话响起，工厂发生事故，又要亲自去处理，白手起家的艰辛，不言而喻。但是，凭着扎实的技术基础以及敢想敢干的拼搏精神，王杏生最终在竞争激烈的商海中取得了一席之地，成为时代的弄潮儿。

同样在海外拼搏的华南理工1972级校友、美国AEM控股公司董事长张海明对"困境"一词有着极为深刻的体会。"文革"期间，17岁的张海明失去读书的机会，进入水泥厂工作。他从学徒做起，一般人三年的学徒期，张海明一年半就提前满师当上了师傅，两年内便升任班长。

在"读书无用"的特殊年代，张海明没有放弃求知的渴望，坚持利用业余时间自学。1972年，通过"自愿报名、群众推荐、领导批准、学校复审"，张海明以全厂第一的成绩被选送到广东化工学院（后合并于华南工学院）学习，成为一名工农兵学员。1978年，张海明再次以优异的成绩考入华南工学院，成为学校首次招收的50名研究生之一。

80年代初，改革开放打开了青年学子出国留学的大门。1981年初，张海明携带300美元前往美国自费留学。

在美国，为了生存，张海明和同是华南理工大学校友的太太蔡丽曾做过多种粗重甚至危险的工作：干过导游，送过报纸，做过装修，端过盘碗……依靠自身超强的技术和研究能力，他曾到南加州大学攻读材料科学博士学位，曾进入飞利浦元件公司开展技术工作，但这些都不能为他提供一个充分发挥个性的空间。1988年，张海明白手起家，在加州创建了美国电子材料公司（简称AEM）。

创业是一个极其艰辛的过程，张海明曾遭遇行销困境，曾几乎倾家荡产地与人打官司，曾窘迫到公司账户上只剩 200 美元……但最终，他咬牙坚持了下来。在激烈的竞争中，张海明带领 AEM 集团突出重围，完成了一次又一次蜕变。在美国著名的《公司》杂志公布的"全美成长最快的私营企业 500 家"名录中，AEM 公司三次入选，也是获此殊荣的首家中国旅美学人创办企业。

AEM 公司还通过收购兼并，成功地驳接并拥有了前飞利浦元件的一批世界著名的大公司客户，成为全球同业技术最领先的高科技制造企业之一，其在美国生产的航太级保护元器件和提供电源保护方案，被列为美国太空总署核定的供货商，奠定了在全球高端航太市场的龙头地位。

1995 年 5 月 17 日，张海明应美国总统特别助理邀请前往白宫接受表彰。同年 11 月 7 日，时任美国总统克林顿亲笔署名给张海明嘉奖信函。这一切体现出美国主流社会对这家公司以及创建者的充分肯定，让张海明成为华南理工大学企业家校友在海外光耀母校门楣、为国争光的典型案例。

2015 年中秋节之际，华南理工大学美国东部校友会在美国纽约法拉盛举办校友会成立二十周年庆祝活动暨美国纽约"华工广场"揭幕典礼，闻讯赶来参加典礼的有 200 多名校友和家属。这一年是美东校友会成立二十周年，校友会将纽约皇后区法拉盛大学点 20 大道 127 街的综合型大楼命名为"华工广场"，校友们为广场正式揭幕。

成立于 1995 年的美东校友会发展到今天，已有近 2000 人，以创业者或专业技术人才居多，他们秉承母校的实干精神，在美国各行各业都取得了不同的成就。尽管许多人已在美国落地生根，却仍希望有一方土地，能够与其他校友交流，于是才有了"华工广场"。广场揭幕那天，新老华南理工人同庆中秋佳节，品尝美味的月饼和红酒，家味十足。回忆起华园求学的时光，他们充满着感激和向往。

无论闯荡海外开拓新天地的蔡建中、张海明、王杏生，抑或是这里还未能提到的无数华南理工海外校友；无论是读书、创业过程中历经波折的霍东龄、陈伟荣，抑或是在国企改革中将企业力挽狂澜于将覆之际的叶茂、黄建平，他们身上都有着不畏艰险、勇往直前的精神品质，哪怕前进的道路上沟壑纵横，他们都坚信自己能够克服各种困难，并以实际行动证明着自己是一名真正的斗士，向着困难进发，直到抵达成功的殿堂。

这份自信、这份坚毅、这份执着，正是来自于他们在华南理工大学的学习生活，这是流淌在每一位华南理工人身上的最为宝贵的财富。

第三节
敢舍敢弃破旧局　有胆有识圆新梦

从华南理工大学走出的企业家不仅拥有不惧逆境、转危为安的魄力，而且具有令人叹服的适应力和变通力。他们中的许多人，都是在现有事业一片光明之际，果敢地抛弃旧日的成绩，踏足新领域。他们做出这种"职业变轨"动作，看似风险极高，其实已经经过深思熟虑。他们准确的研判和过人的勇气，加上对于梦想的执着，把自己带入二次创业的职业新高峰。

1981年，中国女排首次夺得世界冠军，随后是令国人激动和自豪的五连冠。中国女排那种敢拼能赢、狭路相逢勇者胜的体育精神激励着每个中华儿女。在全国学习"女排精神"的热潮下，华南工学院50177（2）班的同学制订了"为振兴中华而读书"的口号，全班同学团结一致，刻苦学习，科技攻关，班集体被评为"广东高校先进集体"，而该班的带头人黄宏生也被评为"省高校优秀三好学生标兵"。

黄宏生（中）是华南工学院50177（2）班的班长，好学善问的他曾经获省级"优秀三好学生标兵"称号

作为后来的"华工三剑客"中年龄最大的黄宏生，毕业后进入华南电子进出口公司工作。由于表现出色，三年后即被破格提拔为公司的常务副总经理。那时候的他年仅28岁，而华南进出口电子公司又是一家不错的国有企业。在旁人看来，黄宏生会在国有企业管理的道路上一马平川地前进下去，前途无量。

然而，黄宏生却在1988年做出了他人生最重要的、不为人所理解的决定：他毅然辞去公职，只身一人前去香港，创办起创维公司。

后来在一次访谈中，黄宏生解释了自己当年的想法："那时我常常一早起来，就从广州赶往107国道旁的厂子，晚上再回来。晚上九十点钟，107国道仍然是灯火辉煌、车水马龙，那种加班加点、热火朝天的氛围让我很受触动，就觉得自己如果能融入这种世界范围的制造和供应链体系该有多好！再加上我在工作过程中接触到了联想的柳传志、四通的段永基等创业例子，于是便有了自己创业的想法。"

经过近三十年风风雨雨，创维从一家最初从事代理电子产品出口的小型公司，逐渐发展为以生产销售电视机为主的大型家电集团。数据显示，2015年，创维在中国大陆彩电市场的销售量、销售额均排名第一。

2010年，经历人生沉浮的黄宏生开启了第二次创业，这一次的目标是新能源汽车领域，转身成为南京金龙客车制造有限公司的董事长，从一个"家电佬"转变为"汽车佬"。

对于为什么二次创业以及选择新能源汽车领域，一方面是黄宏生的血液里具有的冒险基因，追求新的事业版图是他冒险的一种方式；另一方面新能源汽车是国家"十二五"规划重点项目，将来在这个领域必定大有可为。黄宏生认为，国内汽车业也应该参照家电的发展模式，走自主创新的道路，积极参与国际竞争。只有这样，国产汽车品牌才有机会重走中国彩电通过自主创新的国产化道路，并走向国际大市场。他的目标是将南京金龙打造成"客车界的特斯拉"。

当然，作为汽车领域的门外汉，二次创业的艰辛不言而喻。起初的三年期间，南京金龙持续亏损，黄宏生先后交了十几亿元的学费。直到2014年升级到第三代纯电动客车平台，才跑出了性能稳定、安全可靠的纯电动客车车王，产品成功地被市场大批量应用，发展了一个超千亿的版块，使南京金龙稳坐全行业第二把交椅。可见，如果没有黄宏生当初的果敢和魄力，他的二次创业可能早就胎死腹中了。

已进入"耳顺之年"的黄宏生在母校的演讲以"寻找人生天命"为主题，他说："人生就是一个逐渐发现自己天命的过程。"他以自己为例："我读书、做科研都不如我的同学，为什么创业？我的天命就在经营上。"

尽管黄宏生的人生起起落落，创业经历坎坷无比，但他说："寻找天命的过程一点都不痛苦，像恋爱一样。寻找天命的终极目标是寻找生命的意义与使命，生命的意义在于让人度过痛苦和灾难。"

美国3M公司有个著名的口号："为了发现王子，你必须和无数个青蛙接吻。""接吻青蛙"常常意味着冒险与失败，但是"如果你不想犯错误，那么什么也别干"。这是一个显而易见的道理，但惧怕冒险和失败，依然是许多企业人止步于人生瓶颈的重要原因；还有另外一些人，虽然不怕冒险和失败，却因为判断失误而冒进，同样会带来损失。

敢于大胆向前、跨出正确步子的人并不多，华南理工 1980 级校友、大连橡胶塑料机械股份有限公司（简称大橡塑）的掌舵人洛少宁就是其中之一。

洛少宁掌管着百年国企，在春风得意之际，依然敢于承担风险，凭着一股敢闯敢拼的劲头，大步走上海外并购之路。

自老牌国企大橡塑实施转型发展战略后，洛少宁就成了"空中飞人"。虽然辛苦，却乐此不疲，因为一张国际化的发展蓝图，早在他的心中展开。

2005 年，洛少宁走上大橡塑领导岗位，成为新中国成立后该企业的第七任掌门人。这一年，公司销售收入首次突破 3 亿元。

身为一家拥有百年历史的大型国有企业的掌门人，光彩背后的压力只有自己最清楚。特别是在全球经济一体化加速的背景下，大橡塑这家历经百年风雨的老企业如何破局，走出一条创新发展之路，这是洛少宁一直在思索的问题。

经过反复考量，与领导班子成员认真磋商，大橡塑大胆迈上了海外并购的步伐。2010 年，大橡塑成功收购加拿大麦克罗公司。2011 年，大橡塑再次成功收购捷克顶级制造公司——布祖卢科公司。经过国内外的扩张并购，大橡塑公司规模不断壮大，如今，公司销售收入轻松达到 10 多亿元。

无独有偶，还有许多华南理工大学毕业的校友，也有着洛少宁般"走出去"的胆智，比如李锦生。

被誉为"中国糖王"的东糖集团总裁李锦生，1982 年从华南工学院的老牌专业——当时的食品工程系制糖专业毕业后，进入广东省东莞糖厂（东糖集团前身）工作，至今已经与制糖打了三十多年交道。

在二十世纪六七十年代，生活普遍清苦，但李锦生十分清楚，要改变命运只有靠自己的努力。在华南工学院四年的学习过程中，他刻苦学习，每年都获得奖学金。靠着奖学金和学校提供的助学金，他完成了自己的大学学业。

毕业进入东糖的李锦生，虽然技术出身，但他深知在一个高速发展的时代，不学习，就要落伍。要想带领企业在新的经济形势与市场日益国际化趋势中不断前进，必须补上现代企业管理这一课。1995 年，时为东糖实业有限公司总经理的李锦生选择再次回到母校华南理工大学读管理学研究生，二次结缘华南理工大学。

学习结束后，李锦生决意对公司进行开拓创新。他引进大量国际一流的生产设备与技术，因地制宜开拓广西来宾、山西大同等多个生产基地，形成制糖、造纸、生物工程、热电四大主导产业，使东糖成为一个跨地区、跨行业、既多元化又专业化的具有较强综合竞争实力的大型产业企业集团。近几年，李锦生更是依靠敏锐的市场触觉，利用因经济危机影响而出现的产业资源整合契机，大胆决策，顺利完成了东糖历史上最大的并购案，使企业规模跃上了一个新台阶。

而今，东糖集团总资产已达 100 多亿，旗下拥有 45 个全资、参股、控股公司，而李锦生在制糖业的地位举足轻重，获得了"中国糖王"的美誉。

曾有科学家做过一个有趣的实验：跳蚤放在桌上，一拍桌子，跳蚤迅即跳起，跳起高度均在其身高的 100 倍以上，堪称世界上跳得最高的动物！然而在跳蚤头上罩一个玻璃罩，再让它跳，这一次跳蚤碰到了玻璃罩。连续多次后，跳蚤改变了起跳高度以适应环境，每次跳跃的高度总保持在罩顶以下。接下来逐渐改变玻璃罩的高度，跳蚤都在碰壁后主动改变自己的高度。当玻璃罩接近桌面，这时跳蚤已无法再跳了。科学家于是把玻璃罩打开，再拍桌子，跳蚤仍然不会跳，变成"爬蚤"了。

跳蚤变成"爬蚤"，并非它已丧失了跳跃的能力，而是玻璃罩已经罩在了潜意识里，罩在了心灵上。科学家把这种现象叫作"自我设限"。

是随波逐流，还是突破"自我设限"？是让命运支配自己，还是自己支配命运？在华南理工大学的毕业生中，有这样一些人，他们手里捧着别人羡慕的金饭碗，本可以一辈子过着舒适安逸的生活，但他们不满足于此，而是不断突破自我、剑指苍穹，在拼搏与挑战中去实现自己的理想和价值。

华南理工大学 1988 级无线电专业校友、银禧科技董事长谭颂斌被冠以"胆商"称号，是因为他敢于放弃一名公务员的身份，孤注一掷地投身于与其专业、阅历差之千里的高分子材料行业。

从华南理工毕业的谭颂斌，顺利地考上了公务员，在虎门镇外经部门工作，这是外界普遍认为的"肥差"，但他从工作中得到的真正财富却是他人各种各样的创业经历。

1997 年，在政府机关捧了四年铁饭碗的谭颂斌开始思考新的人生：是继续待在机关里，还是白手起家开创一个新的事业？如果创业，从什么行业入手？

经过朋友推荐，在详细了解了高分子材料行业的国内外发展现状和未来的空间之后，谭颂斌敏感地意识到高分子材料这个行业中蕴藏着巨大潜力。

仅用了很短的时间思考，谭颂斌就决定辞职，下海创业。并大胆把赌注压在了高分子行业的巨大发展空间上，而且押对了。此后谭颂斌和他公司的进展顺风顺水，一路走上了今天的创业板。

"在华南理工的四年，彻底地改变了我这一生。"这是82级校友、广州金誉实业投资集团有限公司董事长李永喜常挂在嘴边的一句话。凭借着从学校传承的务实、高效的传统作风，以及满腔的热血与激情，李永喜实现了在风投、电力、地产等多个领域的开拓。

1986年，李永喜被分配到广州经济技术开发区明珠发电厂，两年后，被提为副厂长。1991年，年仅27岁的李永喜成为该厂厂长。而后他还被提拔进入政府部门工作，成为当时广州市最年轻的局级干部。

也许大多数人都认为，李永喜会成为政界的一颗新星，但令人意外的是，没多久他就辞职下海了。"稳定的工作大家都想要，但是合不合适，只有自己最清楚。"李永喜淡然地说。

2001年，李永喜和7名同班同学正式组建广州智光电气股份有限公司，启动资金85万元。回首创业的艰辛，李永喜仍历历在目："办公室是租的、厂房是租的、电厂是租的，只有几台电脑是自己的。"经过艰辛的努力，2007年9月，智光电气成功上市，市值达到4000多万元。从85万到4000多万元，再到今天的30多亿元，智光电气迅速成长为能源行业的翘楚。

李永喜感慨地说，自己走到今天离不开母校的帮助："刚毕业时在电厂，用的是在学校学的专业知识和过硬的动手能力，后来决定弃政经商，也是有着7位大学同班同学的支持才能一路披荆斩棘。"

李永喜现为金誉集团董事长，"笃诚、创新、务实、卓越"是金誉集团的核心追求。不难看出，李永喜将自己从华南理工大学获得的精神力量传承到自己的企业，教育给自己的员工。他知道，母校所蕴含的育人精神也是他不断前进的力量源泉。正是受益于"博学慎思 明辨笃行"的校训精神，李永喜实现了从自强到扶弱、从受国家教育到回馈社会的目标追求，在成就个人追求的同时，不忘肩负起一个成功企业家的社会责任，将蕴含华南理工大学精神的种子播撒在祖国的大地上，期待能培育出一朵朵美丽的鲜花。

被称为"华南PC王"的易贤忠1982年毕业于华南工学院无线电专业，而后被分配到广州白云山无线电厂。

1991年，一次偶然的机会，易贤忠圆满完成了帮助厂里出售一批电子镇流器的任务，他从中意识到镇流器蕴藏的商机，萌生了出去闯一番天地的念头。当年7月，他大胆辞职，创办了自己的小工厂，自制节能电子镇流器，靠着薄利多销的策略，很快站稳了脚跟。

1998年，看到了电脑行业的红火，易贤忠悄然在广州创办了自己的电脑品牌企业——七喜电脑有限公司。他先是从广州的高校起步，并快速扩展到华南所有高校。这使得当年七喜全年售出PC机约1万台，全部卖给了高校。由于策略的成功，七喜迅速在华南市场占据了40%的市场份额，成为联想在华南最大的竞争对手，易贤忠也被冠以"华南PC王"的称号。

从高校教师到民营企业总经理，再到创办自己的公司当老板，香港海茂实业（集团）有限公司董事长宁一海一切都是从零开始。

1980年从华南工学院无线电系毕业后，宁一海留校成为一名做学生政治思想工作的老师。随着改革开放的春风吹遍中国的大江南北，广东省政府、广州市政府决定成立华南地区第一间高科技企业——华南自动化工程联合公司，这成了宁一海弄潮商海的第一站。由于成绩突出，他不久便被派往总公司与珠海政府合办的珠海电脑工程公司任总经理。

1991年，宁一海再次发起挑战，他辞去总经理职位，只身赴港创业，创办了"香港海茂实业（集团）有限公司"。如今，宁一海已成为三个上市公司的大股东，还敢为人先地创办了香港矿权交易所有限公司，这家公司是全球最大的矿业交易平台，从而使宁一海成为享誉全球的"有色金属大王"。

1985年毕业于华南工学院塑料机械专业的詹智勇更是一个典型的白手起家的例子。当时受香港的文化熏陶，再加上李嘉诚、霍英东等成功人士的影响，华南理工的学术研究和思想都比较前沿，无形中向学子们传递着"知识非常有用，知识要创造价值，成为生产力"的声音，这成为詹智勇毅然放弃国企骨干的铁饭碗，创立武汉现代精工机械有限公司的原因之一。

1989年，詹智勇借了2万元的高利贷，再加上自己从各方面筹得的资金，一共3万多元，这些钱在当时来说相当于他在国企20年的工资，压力可想而知。然而，半年时间，3万元钱很快花光了，创业却仍没有一点收益。即使如此，1990年，不服输的詹智勇毅然辞去国企的工作，全身心地投入企业的运转上。终于，功夫不负有心人，詹智勇凭借着改进汽车边条，用塑料制品代替国内一直使用的铝合金，挖到了创业后的第一桶金。

"99%的人在黎明前的黑暗中倒下。所以遇到困难，我们要像解题一样，摆正心态，勇于面对。"凭着平和的心态和对梦想的追求，詹智勇领导武汉现代精工机械有限公司，在全国几十万家塑料行业上下游企业中脱颖而出。

从湖北孝感到广州，1200公里的距离，是湖北开特汽车电子电器系统有限公司董事长郑海法曾经追梦的征程。

1983年，郑海法考入华南工学院半导体专业。"霸座"几乎是当年所有同学最难忘的事，郑海法也不例外。他说："每天上课前，大家都会早早来到课室占位置，为的就是抓住每一分每一秒学好知识。"

毕业时，郑海法被分配到一家国营无线电元件厂当技术员，刻苦努力的他曾受到来自各方面的赞扬。然而，由于一些客观的因素，郑海法最终决定辞职，下海创业。

创业之初，郑海法一个人身兼工程师、通讯员和工人等多个角色。为完成任务，他宵衣旰食，夙兴夜寐；为筹集资金，他甚至不惜借高利贷；为寻求实验设备，他三番五次跑高校，最终凭借一腔热血打动别人……在蹒跚中，郑海法开始了自己的创业之路。

经过不懈的努力，凭借着长远和卓越的眼光，郑海法成功地抓住一家法国汽车传感器制造公司倒闭的契机，使其成为世界上少数能生产这种产品的公司，为企业的长足发展插上了腾飞的翅膀。目前，其公司的产品已广泛应用于多种著名汽车品牌，并出口世界各地，其温度传感器市场份额更在国内汽车空调行业处于第一位。

如今，有无数像郑海法这样的华南理工企业家校友拥有这种魄力，并带领中国企业走向更加成熟的产业前端。他们用事实证明：在经济发展的洪流中，只有那些具有超常胆识的人，才能绝处逢生找到破局之道，才能打破常规，开拓人生的新境界，才会有机会成为叱咤风云的商海领袖，在经济大潮中击起美丽的浪花。

注重科学、作风严谨、专心致志,将企业发展立足于科学研究和技术开发。理工科高等教育培育出的特有品质让他们鹤立鸡群,用工业精神支撑起一片不一样的天空。

第四章

理工精神 专注务实

作为南中国的一所以理工科为特色的重要学府，华南理工大学能够建立"企业家与工程师的摇篮"这样一种口碑与共识，是无数师生多年来勤勉治学、锐意进取所积累下的丰硕成果。从另一个角度来看，无论是学校悠久的历史还是建校初衷，或是此后几十年的发展历程，在此过程中逐步沉淀下来的科学精神，一直是一笔宝贵的财富，塑造着现在的、将来的每一位师生的品格。

2014 年，华南理工大学土木交通学院讨论学校精神对学习、工作的影响，有着这样的言语：

"长期的学习、训练中，我们面对最多的是图纸、实验、推导、模型、计算，基本由理性思维占据主导，这过程中我们追求的是准确、高效、可操作性。我们需要的是理论、数据支撑，小数点后的第 n 位，波形曲线的细微偏差，编程语言的一个符号，力学模型的一个边界条件，都是影响我们工作成败的关键，任何一点失误都可能让我们得到截然不同的结论，甚至让我们之前的心血付诸东流。所以我们逐渐培养出了严谨务实的治学态度，而这也慢慢内化成了我们的精神特质。"

如今，华南理工大学已经发展为一所综合性大学。随着这一趋势的发展，更丰富的文科精神特质会进一步影响师生。然而，就学校目前的学科强项和历史而言，理工科专注、严谨、务实的科学精神在影响师生气质方面，仍起着极其重要、独一无二的作用。

凡是热爱理工科的学生，他们在校学习时往往是痴迷于各种技术和实验，当他们带着这种专注精神走进实业领域，就转化成了对产品的精益求精。当今市场纷繁芜杂，不少产品都追求快速设计、快速生产、快速上市。在大商品时代，固然需要有这样的"快餐"产品来满足大众需求，但产品的更新换代和科技含量的提升依然需要依靠专注于一个行业或产品，一步一个脚印地往下走，这就让华南理工校友企业家身上的科学精神更加难能可贵。

第一节
漫漫科教兴国路　　工业精神播心田

梭罗在《瓦尔登湖》中讲了这样一个故事：

在柯洛城中，有一个艺术家，他追求完美，决定用毕生之力打造一根完美的手杖。他想，凡是完美作品，都经得起时间的考验。他自言自语："哪怕我一生中不再做其他任何的事情，也要把它做得十全十美。"他决定摒弃那些不合适的材料，立刻到森林中选材。寻找着，寻找着，他抛掉了一根又一根不中意的木材。

这期间，他的朋友们渐渐老了，相继离开人世，可是他却一点也没老。他心无旁骛追逐梦想，坚定而又高度虔诚，这使他在不知不觉间永葆青春。他并不向时间妥协，时间对他无可奈何，只能在一旁叹气。斗转星移，王朝更替，柯洛城湮没为废墟，艺术家终于完成了他的惊世之作，此时手杖突然辉耀无比，成了梵天所创造的世界中最美丽的一件作品。

艺术家在创造手杖的过程之中，创造了一个新制度，一个美妙而比例适度的新世界；其间古城虽逝，新的更光荣的时代和城市却已代之而兴起。而此时他看到刨花还依然新鲜地堆在他的脚下，对他和他的工作来说，时间的流逝只是幻影，就像梵天脑中闪过的思想立刻就点燃了脑中的火绒一样。

材料纯粹，艺术纯粹，结果怎能不神奇？

这个故事恰似关于工匠精神或者工业精神的一个寓言。柯洛城的艺术家所进入的精神空间，纯粹、专注、简单，他的作品超越时间，成就了永恒。成事难，太多的浮躁让人难以放下，成事需要专注、忘我；成事易，只要专注、忘我，最平凡的事情，却可以做到极致和完美。

华南理工大学的企业家校友，绝大部分曾经接受严格的理工科教育，继承了学校注重科学、作风严谨的理工精神。他们就像柯洛城的艺术家，专注忘我，成就了一个个时代的传奇。

20世纪80年代以后的华南理工大学，聚集了南中国工业教育之大成，又迎来了改革开放国际产业转移的浪潮。

"大学的梦田，是我们价值观形成的地方，并播下了希望的种子。"东莞唯美陶瓷董事长黄建平总结说，在当时的一些大学还在沿袭学而优则仕的传统、重伦理而轻科技之时，华南理工大学更重视工业和自然科学的研究；在当时的一些大学还在学习商业精神的舶来品、重流通而轻生产之时，华南理工大学更重视在生产实践中检验科学定律。

在许多校友看来，彼时的母校鹤立鸡群，气质特立而独行，特征鲜明而易辨，充满时代的魅力。校风所及，让华南理工大学的学生也别具一格。"我们华南理工的学生比较务实，不太在意外在的东西，更注重学到的实际本领，他们常常穿着人字拖，去挤22路公交车……"

和出生在广东的黄建平相比，来自东北的周利民一来南方就感触到了不同，他最喜欢的就是"华南理工的自由与开放"。周利民说，开放的城市也给了他一种开放的视野、包容的胸怀。这种与北方完全不同的氛围对周利民以后的人生影响很大。

华南理工教给他自由与开放,但这种自由与开放是非常有理智、有远见的。除此之外,母校还教给他的是科学技术知识,教给了他执着与坚守,教给了他人生的道理和做人的方法,成就了他的海尔之路。

华南理工大学抱着开放、与时俱进的思想,长期将学校教学与实践相结合。通过参观、考察和组织其他课外教学活动,让专注务实的工业精神在学生心中悄悄播下种子。图为国际知名工程顾问企业的工程师在给同学们讲解实践问题

如果把周利民的人生比作一幅画,那么,在海尔的这二十多年,毫无疑问是周利民人生画卷上最浓墨重彩的一笔。周利民1987年毕业后,被分配到海尔的前身——青岛冰箱总厂,在公司的不同岗位上摸爬滚打了二十二年,从技术员到部长,到海尔模具公司总经理,再到集团副总裁,扮演的角色不断变换。在技术上,他有多项研究成果获得科技奖;在管理上,他是一位优秀的企业家。

这是周利民的坚持,也是周利民的事业。在他看来,人生按照不同的目标分为三个阶段——谋生、谋财、谋事。首先,人必须生存,所以这时候的事业是为了养活自己,谋得生存,此之谓谋生;谋财,是我们在可以养活自己的前提下,多赚钱可以为家人提供更好的生活条件;谋事,是在谋生、谋财后,做自己真正喜欢的事情,将之作为自己的终生事业并为之奋斗。

对于华南理工大学校友而言,"谋事"而非"谋财"才是他们的初心,而制造业和实业成为他们谋事的最佳载体,并散发出独特的气质。许多校友试图为华南理工大学的这种气质找到一个恰当的概括词汇。有人将其概括为一种"工业精神"或者"工匠精神",意思是"精工细作、一丝不苟、勤学苦练、精益求精",是一种工作态度,更是工业社会的精神内核。

"瑞士人以做出陀飞轮为最大成就,中国人则缺乏这种精神。"黄建平认为,在中国传统价值体系之下,德国人显得"刻板",美国人让人觉得"随意",英国人表现得"固执",日本人则看起来"缺心眼儿",但中国要从制造业大国走向制造业强国,缺少的恰恰就是这些。德国人严谨、美国人创新、英国人规范、日本人敬业,这其实都是"工业精神"的体现,其内涵就是对科学规律的尊崇,对规则、制度、标准、流程的坚守,这些深刻地影响着全球工业化进程与价值体系。

不受虚言,不听浮术,不采华名,不兴伪事。凭借务实的工业精神,唯美公司已经位列全国工业企业500强和中国建筑陶瓷制造10强企业,黄建平说:"我现在最感兴趣的还是产品,还是创新,终日考虑如何在专业领域占领制高点。"

对于当前流行的"互联网思维",黄建平有他自己的判断,"互联网拉近了生产商和顾客的距离,对营销环节的影响更大,它对专业领域是一种提升。要取得成功,最终还是要靠产品,需要在专业领域的积累和创新。"

工业文明呼唤工业精神。黄建平预测,随着后工业时代的到来,因为信息不对等而形成的投机取巧式的营销将日渐式微,一个"做事"的时代将会来临。

对于一个经营企业的人,能够单单凭借"工业精神"推动企业发展吗?黄建平的回答是肯定的,"我们以工业精神改造了企业的各个部门,这也是稻盛和夫做过的事情。"他以日本著名企业家稻盛和夫的"会计七原则"改造财务部门,不拘泥于会计制度规范,而是直逼会计的本质,让财务为生产服务。

"产品中心主义"论调和专注"谋事"的态度在20世纪80年代以来的经济大浪潮中是一种非常宝贵的品质,但它绝对不是改革开放以后毕业的大学生的专利。在60年代就读于华南工学院的朱江洪心中,"做事就要做实业,做实业就要做技术,做技术就要求质量",这是他对"工业精神"的理解。

20世纪50年代开始,近百万大陆居民跨过边境线偷渡到港澳,到60年代更是达到一个高潮,如"大军南下,来势汹汹",史称"大逃港"。靠近这两地的居民凭借近水楼台之势,更是十室九空。家住珠海拱北的朱江洪,就亲身感受到了这种变化:小学的同学到高中时,竟然寥寥无几。

面对花花世界的诱惑，与澳门近在咫尺的朱江洪无动于衷。因为他的心中有一个梦想，那就是努力学习考上大学。他怀着一个朴素的信念，相信知识改变命运。朱江洪坚持初心不改，一次次拒绝了小伙伴们的出走建议。

作为一个菜农之子，朱江洪是幸运的。1965年，他赶上了"文革"前高考的末班车，考上了华南工学院，享受了梦想成功的喜悦。五年的大学生活，让朱江洪成长为一个标准的"理工男"。对技术的追求，对学习的热爱，对逆境的抗争，这些大学时代形成的品质，此后伴随了他整个创业过程。

朱江洪的夫人也是华南理工校友，对母校的认可，促使他在多年以后把子女都送到华南理工大学学习，现在他们一家四口都是华南理工大学校友。他本人也是华南理工的客座教授，经常回校和学子们分享创业创新和为人处世的经验。但当年在大学时，他却充满了彷徨。"1966年'文革'爆发后，大学的教学受到极大干扰。大学的后两年，我们基本上都是在各种'串联'中度过的，浪费了很多专业学习的时间。当然，也锻炼了与各种人打交道的能力，以及艰苦奋斗的精神。"在参加各种运动之余，笃信知识改变命运的朱江洪依然在晚上抽空自学各种专业知识。

朱江洪的同班同学、华南理工大学退休教师李伯林回忆说，他们班比较幸运，接受了两段比较完整的大学教育，专业水平都很强。一段是入学后的那段基础教育，持续到1966年"文革"爆发、包括华南工学院在内的全国大学停课为止；第二段是1968年在当时的广东省柴油机厂复课，虽然受极"左"思潮影响，不准做实验，但学校老师仍偷偷把实验仪器带进厂，让同学们观察学习。

对他们的班长朱江洪，李伯林至今记忆犹新："他为人正派，组织能力强，综合素质强，放在哪里都能发光。"他讲述了一件朱江洪的趣事：朱江洪的字写得好，遇到写标语，大家都交给他执笔，久而久之，他的书法就练出来了。后来，连广为流传的格力商标，都是由朱江洪亲笔书写的。

在时代的浪潮面前，个体的命运是如此脆弱。在史无前例的"文化大革命"中，在朱江洪毕业前，他的父亲被打为"现行反革命"。1970年，曾经"又红又专"的朱江洪，在毕业后作为"黑五类"被"发配"边疆。

"我以广州为圆心，在地图上一圈圈地向外找，最终在靠近中越边境的地方找到了百色。"与大城市无缘的朱江洪，心中充满了苦涩，踏上了西进之路。

经受如此打击，朱江洪也曾有过片刻的犹豫，他想到了在境外生活得很滋润的小伙伴。"我不禁扪心自问，当初的选择是错误的吗？知识不能改变命运吗？"25岁的朱江洪没有犹豫太长时间，他很快驱除了心中的软弱和动摇，准备直面这全新的生活。

很快，朱江洪发现生活并没有想象中那么糟糕。在百色，他结识了一群同样"成分不好"、被"发配"到边疆的华南工学院毕业生，并找到了自己的人生伴侣。更重要的是，能吃饱饭，与物资匮乏的大城市相比，甚至能偶尔沾上荤腥。"大学期间经常下乡进厂，劳动繁重，食物贫乏。想象一下，只要能吃饱饭，还有什么困难克服不了啊！"

2010年朱江洪（前排左二）回到百色矿山，看望当年的老职工

在厂里，朱江洪重活、累活、脏活抢着干，虚心向工人请教。他把这种甘于吃亏的精神总结为"吃亏是一种投资"。摸爬滚打，车刨钻铣，几年下来，朱江洪练就了一身本领。

有一个小机件，一圈要钻9个直径1.5毫米的孔，孔距不能超过头发丝的一半，朱江洪竟然一次做出来。这事让革委会主任知道了。不久，他被提拔为副连长，也就是车间副主任。

朱江洪认为，有些大学生不愿意下车间，总觉得下车间低人一等是不对的。"书本知识和实践之间是有差距的，我一有空就去车间，掌握实际知识，心里很踏实。"

父亲"反革命"，儿子只能当副手：生产科不行了，调他到生产科当副科长；质检科不行了，让他上质检科当副科长；开发新产品，又派他到技术科当副科长……直至全面拨乱反正，1981年朱江洪才被任命为技术科科长。

1982年企业濒临破产，朱江洪临危受命，以全票当选为厂长。当了五年厂长，百色矿山机械厂产值超3000万元，利润超80万元，一跃而为全国同行业"大哥大"。

1988年，朱江洪回到故乡珠海，进入当时的特区工业发展总公司，担任下属的冠雄塑胶工业公司总经理，后兼任海利空调器厂厂长。

刚把冠雄扭亏为盈，又要接收一个包袱。朱江洪并不愿意："我是学机械的，搞注塑就很吃亏，搞电子会更吃力。"最后，总公司祭出"组织原则"的法宝，朱江洪才勉为其难答应。

自学高分子、自学电子，朱江洪并不太担心。"在学校里打了几年底子，我觉得学什么都很方便。"有一次，他们接收了澳门的订单，生产玩具电视机，但塑料怎么也加工不了，技术员束手无策。朱江洪观察了塑料的断截面，发现外圈为白，内层颜色不变。他结合自学的知识——白代表硬，猜想可能是冷却时间不够。经过实验，冷却时间延长两秒就解决问题了。技术人员顿时服了这个自称为"门外汉"的领导。提及往事，朱江洪颇为感慨地说："科技创新既神秘又不神秘，只要了解规律就不难。"他把这个规律称为"科技创新三部曲"：一是观察，认真审视，不遗死角，了解本质，由此及彼找联系；二是灵感，要善于联想、敢于猜想、提出设想，"想又不犯法"，胡思乱想也比不想好；三是实验，把梦想变为现实，需要反复实验。

在冠雄和海利的基础上，1991年格力电器公司组建，朱江洪出任总经理。格力之所以能够迅速崛起，关键在于重要关头有产品推出。其创新过程，符合朱江洪总结的规律。

一次，朱江洪在外国某机场看到自助饮料机上的弧形灯箱很漂亮，回国后便尝试将灯箱嫁接到空调柜机上，结果新产品一炮走红，使格力在创建初期得以顽强生存下来。U系列超薄空调、智能除霜空调等都是经历了这样一个过程，朱江洪认为，"科技创新，得其法就是一张纸，一捅就破；不得其法就是一张铁板，撞得头破血流。"

或许是因"理工"出身，朱江洪对技术的要求达到一个苛刻的程度，外界甚至以"技术偏执狂"为之冠名。他常说："一个没有脊梁的人永远挺不起腰，一个没有核心技术的企业永远没有脊梁。"

朱江洪掌舵格力期间，建成了当时全球规模最大的专业空调研发中心，无论数量、规模还是技术水平都处于世界领先地位；此外，还建立了规模庞大的制冷技术研究院，空调品种规格之多、品类之盛居全球之首；每年投入技术研发的资金都超过销售收入的3%，成为中国空调业界技术投入费用最高的企业。

大企业掌舵人的领导风格一般都比较鲜明，但朱江洪给外界的印象却是多方面的。一个网上调查曾显示，37.66%的人认为他是"老虎型"，即充满自信、竞争心强、有决断力；35.06%的人认为他是"考拉型"，意为平易近人、敦厚可靠、强调和谐合作。

这个并不正式的调查可能反映了部分真实。从百色到珠海，先后有三个企业的一把手被朱江洪反超，甘愿担任副手。朱江洪和他们合作得都很好。他个人对财政和人事这些抓得不是很紧，但对于产品质量，却又表现得"心狠手辣"。

在技术、营销和服务等诸多要素中，朱江洪一直觉得技术应当占据最优先的地位，而质量是反映技术先进与否的一个重要指标。他认为，一个品牌，消费者最看重的是质量及安全性和可靠性，"对质量管理的仁慈就是对消费者的残忍"。

1995年，朱江洪到意大利考察，遇到一个客户抱怨格力空调噪音大，要退机。经检查，原来是空调外壳里的一块小海绵没有贴好。对于这种本来能够办好、却因为缺乏严谨而办砸的事情，朱江洪是深恶痛绝的。

尽管当时空调可以说是供不应求，他还是下令开始整顿质量。公司制订"总经理12条禁令"，员工只要违犯其中的任何一条，就坚决"炒鱿鱼"。他把一柄大锤挂在质控部门口，以示警醒和提升产品质量的决心。

由于对质量的要求苛刻，朱江洪有了一个"质量宪兵队队长"的外号。当广州一家外企老总向朱江洪讨教管理方法时，朱江洪向对方支招："管理就得严，左手拿一把刀，右手也得拿一把刀。"

工科的严谨在朱江洪身上表现得淋漓尽致，他对工业化管理的要求是："严格制度、严谨要求、严肃工艺、严厉标准、严密服务、严明教育、严正考核、严重处罚。"在他看来，任何放松质量的做法，都是缺乏长久经营意识的短期行为。

厚德尚学，自强不息，务实创新，追求卓越，朱江洪用自己的亲身经历，生动诠释了华南理工大学精神。母校的发展也时时挂在他的心头，甲子校庆期间，朱江洪专程返校，向师生们讲述自己的创业故事，激励华南理工学子们刻苦钻研，锐意进取，为科技创新和民族发展贡献力量，现场师生们无不被他执着、坚毅的信念所打动。

在华南理工校友身上，工业精神不仅是指"专注谋事"的态度，它同时也是一种发展观，在企业不同的发展阶段，对于"专注谋事"的要求也有所不同，时刻走在产业的上升通道上，才能长期保持企业的生命力。对此，珠海普乐美公司董事长陈建发引用大师兄朱江洪的话，这样说："搞企业的人，应当有自己的思想体系。不求大而全，小而美即可。随时领先行业一步，就可以保证企业的生命力。老学长朱江洪曾告诉我们，不管什么行当，只要做到前三名，保证有饭吃，做不到前三名，随时没饭吃。"

近二十年来，陈建发带领这家名叫普乐美的公司一直专注不锈钢厨卫领域，坚持走创新之路，从专注到专业，再到专家，深耕细分市场。普乐美致力于做一个小而美而非大而全的公司，他们重视研发、工艺、品质更甚于规模的扩张，在全球设有多个研发中心机构，拥有来自国内外的顶尖专家和先进实验设备，连续三年获德国工业设计大奖——红点设计奖，是中国乃至世界唯一一家连续三年获此荣誉的企业。

陈建发认为，要在企业中真正落实工业精神，首先要防止浮躁情绪，因为这种情绪会扭曲政策提出的初衷。人们提出的很多东西是好的，但好事做好却不容易。他举例说，"互联网+"的概念被提出是很有意义的，工业精神也需要这种思维。但在社会上却扭曲变调，似乎传统产业都是夕阳产业，就会误导一些企业走下坡路。

"要落实工业精神，还要有让员工免于匮乏的制度。普乐美在德国有研发中心，我对德国这样一个工业强国也有一些观察。他们的工资不高，但是居住、医疗都有保障，技术人员无后顾之忧，可以做自己喜欢做的事情。我国作为一个后发国家，在文化和制度方面的积累还相对欠缺。现实逼得技工稳不下来，老是想着去赚钱，而不是去做事。企业也不想干制造业，老是想着如何赚钱。你看，连老板都不愿坚持了，员工、工程师又如何坚持下去呢？当然，这种外部环境，也倒逼我们提升，提前一步更加规范架构和流程。另外，这要求我们坚持走差异化路线，做好产品，不打价格战，才能在复杂的环境中生存下去。"

这种务实、专注的企业文化，让普乐美打造了一支稳定的、务实肯干的队伍，让普乐美拥有领先于行业的高品质产品，也同时助推了普乐美不锈钢厨卫事业的快速发展。在海外，普乐美的产品远销100多个国家和地区；在国内，通过对一、二、三线城市的完整布局，牢牢占据着不锈钢卫浴领航者的地位，除珠三角外，在长三角、环渤海湾等重点区域都占据了市场高地。目前，普乐美集团是全球规模最大、拥有自主知识产权最多的不锈钢厨卫产品研发生产基地，引领了不锈钢厨卫行业的发展。

清代龚鉽曾在《景德镇陶歌》中写道："大器难成比践形，自非折挫总伶俜。要知先立功夫在，不止炉中火候青。"这首关于烧制陶瓷的诗，将大器烧制之难上升到哲学高度。这恰似陈建发、黄建平、朱江洪等校友的真实写照，他们自觉履行"诚于中，形于外"的"践形"之道，用工业精神充实内在，用基层实践打磨自身，终究修炼成大器，在人生和事业上走到一个新的高度。

第二节
心无旁骛从初心　坚守专业得始终

对于受过高等教育的华南理工毕业生来说，初心是什么？初心是"人生若只如初见"的美好，是"十年面壁图破壁"的寻求；初心是大人物的宏图霸业，是写在学生时代笔记本扉页上的憧憬，也是他们走出学生时代后念念不忘的理想。初心纯洁、热烈、美好，在无怨无悔的追寻中，在升迁进退的守候里，是人生起点的希冀与梦想，事业开端的承诺与信念，迷途困窘中的责任与担当，铅华尽染时的恪守与执着。

每个人都拥有自己的初心，但白云苍狗，世事无常，有些人走着走着，却发现愈行愈远，逐渐失去了坚持的热情和勇气，久而久之便只有忘却。特别是在商品经济的大潮中，创业者面临各种艰险与诱惑，真正能不忘初心、坚守专业并获得成就的人，是少之又少。

亿胜生物科技有限公司 CEO 方海洲就是其中的一个，他出生在广东惠来的一个农村家庭，家中上有三个姐姐，下有两个弟弟。1983 年，方海洲以优异的成绩考入向往已久的华南工学院，成为当时全村唯一考入华南工学院的人。

"知识可以改变命运"，方海洲一直坚持这个理念。在农村经历过苦日子的方海洲，考入华南工学院是第一次走出农村。他告诫自己，"这个走出农村的机会很宝贵"。方海洲擅长数理化，并且格外喜欢生物。在分析了生物科技的前景之后，他选择了生化工程专业，并暗下决心，一定要在这个领域"搞点东西出来"。

在求学期间，方海洲一直刻苦学习，每天都坚持上晚自习，学习成绩名列全班第一。本科毕业时，他各科平均成绩达到了 90 多分，并成为全班唯一获得免试研究生资格的学生。

学校的创新气氛和华南理工人身上的务实精神对他影响至深。"我不是很活跃，做事比较专注，在我心里，还是学习比较重要。我就是专注于学习，不断积累，增强自己的能力。"谈到在大学读书，方海洲感慨地说，"我能有今天的成就，与在母校七年学习中积累起来的扎实知识和科学技能是分不开的。"

毕业后，方海洲曾在暨南大学任教两年，一边教学，一边从事自己喜爱的基因工程研究。1992 年，为了更加专注地从事研究，他辞职来到了珠海，加入东大集团，负责生物药品的研发工作。

20 世纪 90 年代初，生物科技还是一个比较新的领域，细胞因子、基因工程对于大多数人来说都是陌生的概念。正是在那样一块尚未开发的领域，方海洲凭着自己对基因工程发展前景的坚定信念，一路披荆斩棘，执着地走到了今天，也带领亿胜进入到一个发展的全新阶段。

方海洲用了八年多时间来深入研究基因工程。最初几年，他几乎每天都在实验室中度过，而在这期间，他还负责公司的生产、管理、销售和融资等工作。"我觉得这是一个好的发展方向，方向对了，我坚信自己通过不懈的努力便一定会成功。"

由于生物科技是一个回报周期很长且风险性很高的行业，当时很多生物科技公司在运营一段时间之后，面对窘迫的财政状况和难以预测的发展前景，纷纷撤资倒闭。亿胜非但没有在一波波的挑战中倒下，相反，经过多年的努力，方海洲带领亿胜从小到大、从弱到强，经历过了企业建构的重组、投资者的重组以及技术人员的重组的过程，使公司进入了一个发展的快车道，目前公司投资过亿元的新建厂房也即将完工。

方海洲说自己"目标明确，信念坚定"。二十多年来，他始终把生物科技作为自己的努力方向，把在全国市场上做大做强作为目标。前进的征途中，他遇到过技术上的难题，遇到过资金上的瓶颈，也看到过竞争对手的放弃，经历过团队人员的撤出，但是，他觉得这是一件值得去做的事情，咬牙坚持了下来。终于，公司研发的 bFGF 基因产品在他的执着中实现了产业化，亿胜一步步实现了成功的跨越。

《华严经》云："不忘初心，方得始终。"方海洲坚守本心信条，终于创业功成。与他相似的还有一群华南理工大学校友，他们信守着自己的道，行走着自己的路，守到了拨云见日之时。

大学毕业后，李东生被分配到机关办公室，但他却主动找到 TCL 的前身——TTK 家庭电器有限公司、一个作坊式的小工厂，要求一个技术员的职位。那时的李东生还没有意识到什么"产业报国"的远大理想，他就是不喜欢坐办公室，又想着能够将自己的专业学以致用。就这样，命运将他和 TCL 绑在了一起，和中国家电产业绑在了一起。一次追随内心的小小选择，最终成长为坚定的自我志向。在他的带领下，TCL 在电话机、彩电和手机三个技术背景、渠道资源都截然不同的领域同时成为全国第一。至今，一直是中国家电领军企业。

TCL 的坚持与李东生的坚持无法分割。TCL 春风得意时，李东生婉拒了在地方政府任职的机会，甚至在国际化巨亏时，李东生也想过通过房地产救急，但最终他还是坚守在家电业，并且重新站立起来。

当同代的企业家大多已经退居二线，甚至退隐江湖，唯有李东生还依然坚守在中国制造业一线，投资者对于 TCL 的信心就在他的身上，他还没办法走开。

李东生的夫人魏雪问他为什么要这么坚持，李东生的回答起初让魏雪都不相信："你看日本和韩国经济腾飞的时候，都有一批像我一样的企业家牺牲了私人时间，牺牲了家庭生活，甚至牺牲了自己的健康，去为了企业和整个产业的发展。我正好赶上这一代，我也应该勇于牺牲自己。"

正因为一直坚持在制造业的道路上，2009 年李东生被 CCTV 评选为"十年商业领袖"之一，获奖关键词是"百折不回"。对于自己一直埋头实业，李东生回答得很平静，"只有实体经济强大了，房地产、金融业、服务业才能够有一个发展的基础。所以必须要有更多的企业来从事实体经济，从事制造业，中国经济才能稳定发展。"

面对房地产、各种新兴商业模式的诱惑，李东生说，TCL 多年的能力积累、优势都在工业上。"我相信实体经济做实业有很好的发展前景，也能够有很好的投资回报。"

诗人郭小川曾说："生活真像这杯浓酒，不经三番五次的提炼呵，就不会这样可口！"和李东生在家电行业三番五次的折腾不一样，他的同学陈伟荣选择了另外一种形式的"提炼"。七年前，他毅然淡出奋斗了二十年的彩电业；七年后，他创办的宇阳科技正式在香港上市。

陈伟荣，曾经的彩电巨头康佳的总裁，在沉寂了近七年后，又"浮出水面"了。在宇阳控股，陈伟荣的主营产品是一片也就相当于芝麻的约五分之一大小的颗粒。可别小看这近乎粉尘般的小颗粒，它是由 200 多层陶瓷细粉和金属浆料叠加、经过高压后分割而成的。这小颗粒学名叫 MCLL，是多层陶瓷电容器的英文缩写，现代几乎所有的电子通信产品都离不开它，一台笔记本电脑要用 300～800 片，一架数码相机要用 250～350 片，一部手机要用 100～300 片，一辆汽车要用 1000～2000 片。MCLL 的产值在国际上已占整个电容器总产值的 40% 以上。

陈伟荣的主营产品用行话说是"0402"，就是一片电容器长 0.04 英寸、宽 0.02 英寸。不用说，体积越小，容量越大，对技术的要求就越高。当然，利润也就越丰厚。其实，国家有关部门早就看到电子通信产品日益小型化的大趋势，曾重点扶持 13 家企业生产多层陶瓷电容器，但十几年过去了，"十三太保"只剩一家硕果仅存，主营产品是"0804"，比陈伟荣落后了一代，而国际大厂商则主要生产着"0201"，又领先陈伟荣一两年。不过，陈伟荣与清华大学联手研发的"0201"已经成功，但要达到规模量产，还需一段时间。

这小小的 MCLL，是用超大型精密设备经过 20 多道工序加工而成的，是集资本密集、技术密集、劳动密集于一身的高门槛行业。一条生产线需要投资上亿元，技术上要求很高。就说密封车间吧，对悬浮粉尘的限制要求竟超过了医院的手术室！

有人问他：总裁当得好好的，为什么要辞职？可以从政或经商呀！就是个人创业，虽说承诺三年内不做与康佳冲突的业务，但可以先干个容易的小企业慢慢滚动发展，也可以帮康佳卖电视挣钱呀！再说当个职业经理人多潇洒！不是有不少大企业已经找上门了吗？为什么选择了一条最艰辛、对自己甚至有些残酷的创业之路呢？

陈伟荣说："我认定自己这辈子只能干制造业了。我们这代人身上还有一些沉重的东西，就是对国家和民族的责任感。松下、本田、索尼，从小作坊发展到世界知名的跨国公司，也就三四十年的工夫，我们赶上了一个能够创造奇迹的好时代，我就不信在中国干不成个国际大企业。"

也许与在国企近二十年的摸爬滚打有关，华南理工大学毕业的陈伟荣，对产业兴邦有极为专注的热情和投入。他说他要做"中国的村田"。村田制造所是日本电子元器件的巨头，年销售额在 5000 亿日元以上，MCLL 也处于全球领先的地位。而陈伟荣的宇阳，注册资本已经从当初的 1000 万元增至 2 亿元，这次上市又募集了 1.3 亿元，企业的前途如何，一切都还在路上。

奋斗的人生最美丽。七年来陈伟荣一直跟他创业的部下说，别人可能都觉得他干得很苦，其实不然，他很累，但未必苦，干制造业是他的乐趣。他发过脾气，但从来没有失望过，动摇过。

和他们有同样想法的华南理工校友还有很多，中集集团总裁麦伯良就是其中的一个。从华南工学院机械工程系的一名大学生到中国集装箱工业第一代工程师，再到在全球多个行业具有领先地位的企业集团掌门人，麦伯良带领中集集团，在改革开放的大门刚刚打开时就率先投入市场经济大潮，一路向前三十年，将中集从一家濒临倒闭的小厂发展成为在全球主流市场拥有 200 多家企业、6 万余员工的跨国集团。

"他们奇怪我在这个岗位上二十几年，还死死地守着又苦又累又不挣钱的制造业。很多人都说我傻，但是我喜欢这样，因为我有我的认识，我有我的坚持。"麦伯良说，"我大学是学装备专业的，那时候学装备是人生最大的梦想，希望世界上最复杂的装备都能做得出来，我做到了，我挺开心的。我今天可以告诉你，我成功了，我做出来了。"

无论是坚守生物科技的方海洲，还是坚守制造业的李东生、陈伟荣、麦伯良……他们的人生经历各异，却都选择坚守那个进入母校时就已种下缘分的行业；他们坚守的理由各异，却都秉持了初心而得始终。他们用行动和成绩告诉世界，什么叫作专注，什么叫作"干一行，爱一行"。

第三节
技术制胜脱颖出　平凡行业创非凡

近代以来，自戊戌变法、辛亥革命到今天的改革开放，岭南地区一直是中国放眼看世界的桥头堡和东西文化交流的前沿阵地。华南理工大学地处祖国的南大门，毗邻港澳，与东南亚和海外有着广泛的联系。因此，学校的学科与专业设置带有明显的岭南特征，建校初期就开设了适应华南地区建设需要的橡胶、制糖、亚热带建筑等学科专业，学校的校风和传统也深受岭南文化的影响。

然而，在科技日新月异的今天，像橡胶、水泥这样一些曾经辉煌的老行业却不断凋零。无论这些行业曾经在广东何等风光，如今却生存愈发艰难，从业者不得不纷纷撤离，转做其他行业。

另一方面，这些行业依然是国民经济的支柱产业。没有了它们的产品供应，无论什么高新产业都会失去基底。时代要求有人能够站出来，撑起经典产业的一片天空。

对于从事橡胶行业的洛少宁来说，困扰整个行业的难题却吓不倒他，因为他自从1980年考入华南工学院塑料机械及加工专业，就注定会是一个不平凡的"橡胶人"。

"技术当家，严谨实干"，这是洛少宁留给人最突出的印象。毕业后，他进入了大连橡胶塑料机械厂，一干就是三十年。在此期间，从普通的技术员到技术处处长、总工程师，再到如今的董事长、党委书记，洛少宁一步一个脚印，扎扎实实做好每一项工作，站好每一班岗。

身为一家拥有百年历史的大型国有企业的掌门人，光彩背后的压力只有自己最清楚。特别是在全球经济一体化加速的背景下，大橡塑这家历经百年风雨的老企业如何破局，走出一条创新发展之路？

"我们虽然已经规模较大，但还不够强大。"面对公司的壮大，洛少宁已将目光投向更远处。"不做百强企业，要做百年企业"，以技术创新为支撑，以产品质量为保障，这是洛少宁始终坚持的原则，也是大橡塑可持续发展的根本所在。

"把握机遇我们要追求卓越，努力实现价值理想。"如同洛少宁创作的《大橡塑之歌》歌词中所说的那样，在前进的道路上，这位朴实无华的华南理工人、这位目光如炬的企业家，勇担责任与使命，审时度势，披荆斩棘，开创出一片新的天地。

做橡胶的还有洪惠平，他专注模具三十年，带领广东巨轮模具股份有限公司成长为全国最大的子午线轮胎活络模具生产企业之一，作为这家公司的领头人，近三十年的模具从业经历使他积累了丰富的管理和技术经验，2004 年获"全国机械工业优秀企业家"荣誉称号，2005 年获"中国橡胶工业科学发展带头人"称号。

再比如水泥行业的企业人，广东塔牌集团有限公司党委书记、董事长钟烈华。他 1976 年毕业于华南工学院硅酸盐专业，在此后的创业路上，深受当时华南工学院"团结、勤奋、求实、创新"校风影响。

塔牌集团的前身是梅州市文福水泥厂，一家立窑企业。但经过多年的努力，至 2003 年底，塔牌集团已发展成为拥有 8 个大中型熟料和水泥生产企业，12 个贸易、电力、房地产、服务等分支公司，资产总额 16 亿元，水泥生产能力 500 万吨的广东省最大的水泥生产企业。

钟烈华带领下的塔牌集团深信，要把水泥这一老行业盘活，必须与时俱进。集团在搞好科研开发、搞好生产建设的同时，把企业文化建设与企业改革发展、生产经营紧密结合起来，把企业精神理念贯穿和渗透到企业的各项工作之中，成为企业不断发展的强大精神动力和文化支撑，促进了企业的发展壮大。

值得一提的是，钟烈华在水泥行业方面的成绩同样得益于母校的专业优势。一个鲜为人知的例子是，早在改革开放初期，华南工学院罗振华带着低温煅烧水泥的新工艺，利用节假日下厂蹲点，将这项成果转化为生产实践产品。这项成果挽救了 20 多家濒临绝境的水泥厂，也让华南工学院在相关专业领域积累了更多的优势。

正是因为对于技术的专注，华南理工的校友不仅能在一个看似凋零的夕阳行业里创造出明星业绩，而且能在看似难以出群的"大众行业"中创造不凡。

20 世纪 80 年代起，随着国家经济的发展，在机械零配件方面的需求快速增长，由于大部分零配件的技术含量较低，成本要求不高，从事此行业的企业数量多，市场竞争激烈，想要靠技术实现行业突破也并非易事。

但这并不是不可能的，也有少数企业家做到了，华南工学院 1979 级校友、佛山市南海中南机械有限公司董事长许冠便是其中之一。对于他来说，母校培养的精神品质在他的这段成功路上有着不可替代的神圣地位。他说："我取得的成就全因在华南理工打下的良好基础。"

1983年毕业后，许冠被分配到了武汉材料保护研究所，这研究一做就是八年。1992年，邓小平发表南方讲话，也是在这一年，许冠决心从科学家向企业家转变。放弃了武汉如日中天的科研事业，许冠带着10人的团队回到了有"广东四小虎"之称的南海。

处于改革开放前沿阵地的广东各方面建设方兴未艾，也同时面临着缺电的问题，当时发电主要靠柴油机，但是进口的设备昂贵，有没有替代的可能性呢？怀疑声一直不断，国产零部件能行吗？

刚加入中南机械的许冠没有回答，而是亲自带头做技术攻关，在充满煤烟和油气的厂房里，一干就是六个月，机器低沉地轰鸣着，成了他熟悉而又亲密的伙伴。凭借着过硬的知识和实践的经验，许冠解决了进口大中型柴油机关键零部件的国产化，在使用寿命和降低能耗方面已经达到国外同类产品先进水平，更关键的是大大降低了成本。他用行动证明了一切。

许冠在追求卓越、挑战自我的路上从不止步。2006年，中南机械又在国内率先实现了瓦锡兰船用柴油机燃油共轨单元的国产化。"当时如果从日本进口需要几千万，而中南机械自己改造只花了200多万元。"这一项目还被应用在雪龙号极地考察船上。

"鲲鹏展翅九万里，长空无崖任搏击"，许冠掌舵的中南机械发展成为一个越来越壮大的精密加工王国，在厦门、西安、成都开设了精密零部件、数控机床、金属表面处理众多工厂。

"专注、坚持、创新"是许冠常常挂在嘴边的六字箴言，做事如此，做人亦然。身为"专家型的企业家"的样本，许冠是"务实"这张华南理工名片的最好代言。"成为中国机械行业最有活力的企业；做精准的机械零部件，造最实用的数控装备。"即使不像明星企业那般被大众所了解，中南机械却拥有属于行业内的荣光。

都说"螺蛳壳里做道场——打不开场面"，和许冠类似，张弢校友却偏偏在一家乡镇企业小平台上、在发动机气门制造这个零部件上干出了一番大事业。

如果说发动机是一辆汽车的心脏，那气门则是心脏里的心瓣，是发动机最关键的零部件之一。然而，对于这种生产常用零部件的制造业来说，虽然产品需求量大，但是从业者更多，业内竞争激烈，导致生存压力大，让许多企业没办法静下心来发展和创新，行业平台显得较为狭小。

然而，有这么一位如今70多岁高龄的老人，四十余载一直专注于研究和创新气门制造技术，并凭借着小小的气门，让粤西北山区县城的一家小企业从年产值不足60万元、创税10多万元发展成年产值超2亿元、创税3000多万元的上市公司，产品远销十几个国家，打破了美国等3个国家、4大气门企业的市场垄断。

他，就是华南理工大学校友、肇庆市怀集登云汽配有限公司董事长张弢。

1968年，张弢在华南工学院热处理系本科毕业后，被分配到四川涪陵地区新力农机厂工作。1973年原拟调往国外工作，但他却毅然放弃了国外的优越环境和与国外亲友相聚的机会，主动请缨来到怀集县汽车配件厂，先后历任车间技术员、车间副主任、副厂长、厂长、董事长、总经理，并把气门作为公司的主营方向，开始了艰苦的创业之路。"气门是发动机必不可少、最核心的零部件之一，我看好它广阔的市场前景。"

万事开头难，而张弢所面临的困境更是难上加难。一方面，当时国内的汽车零部件市场大部分被国营大厂占领，想要从中分得一杯羹谈何容易；另一方面，他所在的汽配厂正处在由生产车床、高压阀门和打禾机到生产发动机进排气门的转变过程，企业的技术、资金和人员都十分缺乏。如何带领大家突破困境、求得一线生机，常常困扰得张弢夜不能寐。为了求得生存和发展，张弢跑遍全国了解目前市场同类产品的情况，运用自己在华南工学院读书时学到的知识，结合工厂实际，自己设计、制作了电镀机和摩擦焊机等气门生产专业设备，攻克了生产气门的技术难题。

1983年，国家在广州和重庆等地引进汽车生产线。张弢得知这个消息，辗转广州等地的汽车厂联系业务。"但是有些汽车厂根本就不让我进门，有的听了我的自我介绍后态度傲慢地说，'我们只跟国营大厂合作，没听说过你们怀集汽配厂这样的小厂'，有的根本不相信怀集汽配厂能够生产气门，我刚说明来意，就被他们轰出来。"

时至今日，张弢还在庆幸当时的坚持，"如果我们那个时候放弃努力，怀集县汽配厂可能就破产了。"1986年1月中旬，张弢来到重庆康明斯汽车厂联系业务，提出配套生产气门，"时任厂长虽然半信半疑，但是他答应让我们先试试看。"

怀集汽配厂的工程技术人员日夜奋战了18天，终于成功研制汽车气门样件，送到重庆康明斯汽车厂。"厂长看到气门样件后，怀疑我买了进口气门来充数。他后来派人到我们怀集汽配厂实地考察，通过各项严格的考核，终于确认了我们厂配套生产气门的资格。"

1987年，公司又开发了8种汽车气门，在香港展出时引起英国气门生产、销售商佐治的关注。由于怀集汽配厂生产的气门价格只有国际气门价格的三分之一，这位精明的英国商人与张弢会谈后，将怀集汽配厂生产的"登云"牌气门拿去检验，发现质量达到国际先进气门的标准。

佐治到怀集汽配厂参观考察后,与该厂签订了合同。从此,怀集汽配厂生产的气门出口英国和美国等地,1987年出口气门20多万支,第二年达到40多万支,为国家创汇1500多万美元。

每个企业的成长都会遭遇一些挫折。1989年,怀集汽配厂也差点被一场变故击倒。当时,怀集汽配厂与美国一家气门销售公司签订了400万美元的气门返销合同,公司也从日本进口了200万美元的材料,眼看这批出口的气门马上就要投产了,就在这个节骨眼上,美国那家气门销售公司单方面取消了合同。

"肇庆一家担保公司也撤出担保,日本的气门材料供应商马上派人来追债。一连十几天,我无论是吃饭还是睡觉,身旁总有一个彪形大汉,不停地催我偿还200万美金。当时厂里根本就没有周转资金,那十几天,我吃不好睡不好,头发都白了。后来,还是国家的资金支持,帮助怀集汽配厂解了燃眉之急。"张弨说。

咬牙挺过来的怀集汽配厂与美国另一家气门销售公司合作,"签订了400万美元的气门返销合同,以自有品牌在美国市场销售,全面进入跨国公司的全球采购链。"

90年代初,由于怀集汽配的名声越来越响,许多客户纷纷找上门来请怀集汽配生产气门,这其中还包括了气门同行——全球四大气门制造商,他们为了开拓中国市场,希望与怀集汽配合资办厂。当时的怀集汽配,资金和技术的紧缺是最大问题,这时候外商的出现,无疑给了怀集汽配一个跳板,但是,天底下有这样免费的好事?

"外商与我们合资的前提是要对我们控股,这意味着我们失去了自己的品牌,这是我坚决不能接受的。我的目标是要让中国制造的品牌响彻世界。"回忆起当年的决定,张弨的语气还是一如既往地坚定。

合资的道路戛然而止。为了解决资金和技术的问题,张弨只能自谋出路。为了解决技术问题,张弨一方面找到了自己的母校华南理工大学的教授团队进行合作,共同研发气门技术和制造新设备;另一方面,为缓解资金压力,怀集汽配接下了世界第一位的气门生产商——美国EATON(伊顿)公司的委托订单,为对方进行贴牌生产。

"我们只是给他们做代理加工,并没有什么技术含量,但是我们想方设法要从对方那搞点技术过来。"EATON公司定期派遣技术人员到登云汽配指导生产,张弨利用这个机会与对方搞好关系,旁敲侧击地询问技术上的难题和解决办法。"一开始对方不松口,后来和我们关系好了,也慢慢地会帮我们解决一些技术上的问题。"在张弢的努力下，EATON 公司的原技术总监还接受了他们的聘请，为怀集汽配服务。

然而，这种通过"拿来主义"得到的技术，对张弢来说还远远不够。他深信：想要在气门行业走得更远，关键在于拥有自主研发的技术。作为从华南理工大学走出去的学生，张弢身上同样烙下了华南理工人务实、钻研的精神，他对技术的钻研堪称痴迷。为此，他想方设法要让登云掌握更多最新、最先进的气门技术。

今年 73 岁的张弢，每天还工作 6～7 小时，并坚持到车间去巡查，了解生产情况和工人情况。"年轻的时候，为了节省时间，我和爱人直接把家安在工厂里，每天下了班就到实验室去捣鼓技术问题。"一个人的力量总是有限度的，张弢意识到从制造模式向创造模式转变，才是决定企业走得更远的关键。

建立自己的科研团队的想法冒了出来，他联合高校和企业共同研发技术和设备。2004 年，广东省唯一的一家"发动机气门工程技术研究开发中心"在怀集汽配诞生，该研发中心为登云公司创造了 23 项国家授权专利，取得了"汽车发动机气门高效绿色制造关键技术""离散型混流生产数字化管理系统"等一批具有世界先进水平的技术成果，并应用于实际生产。

2008 年，企业更名为怀集登云汽配股份有限公司。随着企业效益越来越好，张弢不去想投入后能获得的回报，而是更加专心地投入研究，希望能够缩小与国外技术垄断企业之间的差距。他主持了企业的一、二次"双加工程"技术改造，使企业规模不断扩大。2011 年，公司与北京科技大学联合组建了"广东省登云汽配零件轧制成形新技术院士工作站"，引进了北京科技大学教授、中国工程院院士胡正寰及其创新团队开展零件轧制成形新技术研究。目前，张弢正在组建国家级研发中心，要用中国自主研发设计的气门打败世界气门行业豪强。

张弢执着追求技术带领企业不断前进。如今，怀集登云汽配已经能够生产 1 万多种气门，每年的产值都过亿元，产品除了与一汽集团等发动机主厂配套外，还远销美国科勒等十几家外国公司，气门出口量连续二十多年居全国气门行业之首。

洛少宁、钟烈华、许冠、张弢……这一群企业家，他们从工科大学毕业，学到了专业知识。他们不跟风追逐市场上的新奇玩意儿，而是坚守在传统而平凡的工业领域中，以创新求发展心无旁骛地延续着自己的理想。他们在传统行业中展现了新的时代风采，在看似难以破群而出的基础行业中鹤立鸡群。他们靠技术取胜，与时俱进，逆势而上，用行动宣告：给我一个支点，我可以撬动世界！

虽是理工科学生，却也博阅文史，不失人文气质。他们兼怀开阔的智者视野与诗歌般的人文情怀，向社会传播思想，以人格魅力提升企业文化，增强企业的综合实力。

第五章
人文情怀 刚柔相济

"温暖是华南理工人的底色。华南理工学生有着强烈的公共意识和社会关怀。"

华南理工大学2015届学生毕业典礼上，校长王迎军做了题为《因为你们，世界会更好》的演讲。毕业后，要向这个世界传递什么样的态度？她提醒同学们，面对利益多元的世界，要不忘传递温暖。

她希望同学们时时记得一路走来的相扶相助，并懂得感恩和回馈社会："因为大多数时候，他人是我们脚前的灯、路上的光。"在演讲的最后，王迎军邀请毕业生代表和她一起朗诵，把一首配以音乐和沙画的诗歌，作为离别的礼物，送给毕业生。这首诗的名字是《青春印记·温暖前行》，其中有一段这样写道：

"很长很长的航行后，你若疲倦，华园是肩，给你依靠；你若驻足，华园是岸，等你停泊。平凡或荣耀，泪水或欢笑，华园拥你入怀。"

富有哲思的演讲、温婉隽永的诗朗诵，引起了学子们的共鸣。1998级就读于华南理工生物工程专业、现任广州迈普再生医学科技有限公司董事长的袁玉宇开创的器官打印技术曾被美国著名的《商业2.0》杂志评为"21世纪改变世界的六大技术之一"。袁玉宇动情地说："历经十余年的留学、工作和创业，本以为自己内心在任何情况下都能平静如水，但听了校长的演讲后依然心潮澎湃、难掩激动。"

在华南理工校园里发生的故事、那些远去的时光，一切的事情都显得充满意义。在后来的岁月中，这段经历总是被校友们不断地回忆、咀嚼，母校的精神气质、人文情怀已经潜移默化地在他们的记忆中产生影响，支撑着他们一步步走到今天。

作为一所发端于20世纪初的名牌院校，仅凭简单的言语很难完整地表达出支撑起整个学校的精神脊梁。华南理工大学不仅向学生传授知识，也培育他们形成独立的世界观、人生观、价值观。校友们尊重人的主体地位、关怀人的精神生活，具有强烈的社会责任感，让厚德之风在实业领域大显身手。

从华南理工这片沃土走出去诸多企业家校友，不少人成了榜样和楷模，极大地激励了不懈奋斗的华南理工人。他们在宁静的岁月里默默奉献，一如华园的木棉花，冬去春来，无论是春天满目的繁华，还是冬日枝头的清冷，都显得灵秀而不浮华，彰显了一种宁静幽远、深沉厚重的气质。

校友们在践行华南理工精神的点点滴滴中，让人们感到一种润物细无声的力量。校友们身上脚踏实地、仰望星空的人格力量已经成为华南理工精神流传下去的重要载体。

第一节
文史为镜兴变革　企业文化积底蕴

华南理工大学虽然"以工见长",但在综合性大学建设的道路上,却从未偏执一方,坚持多学科协调发展,特别是改革开放以后,在学科上加大对文科和理科的建设投入,也为学生创造了文艺生活的大环境。

曾经意气风发的年轻学子徜徉在湖滨路时,华南理工精神就无声地沁润进他们的胸怀之中,至刚至柔,至情至性……这些精神给予他们力量,引领着他们在走向社会后,怀着一颗大爱的情怀,用心服务社会,勇于担当。他们十分清楚,流淌在他们血脉中的精神是母校无私的给予,是受用一生的独特财富,将这样的精神流传下去是一种内在的不悔选择。

在母校读书期间,也是校友们的知识体系逐渐形成的时期。当他们步入企业,身上的文化底蕴与在母校接受的文化教育有着一脉相承的关系。1989级就读于华南理工大学化学系的杨家勇现任深圳市宝安区投资管理有限公司总裁,他回忆说:"当年学生的活动很丰富,每年都有校、系运动会,艺术节,棋类比赛,知识竞赛以及各种文艺晚会活动,这些活动组织工作都需要我们学生干部来做。"

杨家勇对当年的学生工作记忆犹新:"'清明诗会'是我们当年组织的一个很有

西湖岛影

特色的活动。每个系都得出节目，主要是诗歌创作、朗诵，是一场以诗歌为主题的文艺晚会。"在当时设备较为简陋的条件下，要办好一场大型活动不容易，需要有很好的组织能力和协调能力，大家都尽心尽力，做到了最好。

杨家勇印象最深的是有一次举办文化活动，为了使所在系的代表节目有更好的效果，大家跑到广州氮肥厂找来一桶干冰，利用自己的专业特长，在舞台上为节目制造云雾效果。由于用的是简陋的设备，也没操作经验，后台的同学忙得手忙脚乱，但最后舞台上仙气缭绕，取得很好的效果，他们的节目大获好评。

各种文化活动中，交谊舞最为流行。当年华南理工大学有好几个舞场，每到周末，舞场开放，各种交谊舞、迪斯科花样繁多，三步、四步、水兵舞、探戈、伦巴等等，还有华南理工独具特色的牛仔舞。华南理工是工科院校，女生人数较少，而二十几年前的男女比例比现在更悬殊，有些系甚至整个年级就两三个女生。跳舞需要舞伴，舞蹈场上，男生都以能得到女生的青睐共舞为荣，男生往往会经历无数次被女生拒绝的挫折，才有可能成功。而当年青春懵懂的男生们，把女生集中居住的西区打趣地称为"西方极乐世界"，不言而喻，西区的舞场自然也成为男生蜂拥而至的地方。

当年的课余活动多是户外的、以团体为单位参加的，因为当时没有个人电脑，用电脑要去学校和系里的机房，当时也没有网络，正是因为没有这些虚拟的东西，大家共同度过了许多美好的大学时光。杨家勇和同学的感情都很好，那些一起共事过的学生干部们，更是"彼此老友角色似旧"。出来工作后去到同学所在的城市，一定要出来欢聚。离开校园之后，杨家勇仿佛依然当着"学生干部"。

2013年，杨家勇与在深圳的当年的校学生干部一起，组织召集了毕业二十周年聚会，在深圳的100多位1989级校友参加了聚会。杨家勇感慨地说，同学之间的关系是递增式的，中学的比小学的好，大学的又比中学的好。在深圳的1989级同学每年都要聚会几次，参加的不仅有1989级的校友，还扩大到高、低年级的校友，校友们都相互帮助、支持、鼓励，充分体现了华南理工人团结协作的精神。

理工科知识给予学生技术技艺，文科知识则给予学生理想信念，让他们在自我反省和企业管理方面不断革新，显出智者的大情怀，决策者的大气度。不少学生虽是工科生，却对文史哲兴趣盎然。文理兼备，是一个企业家所真正需要的素质。

从学习的专业来说，1982年毕业于华南工学院无线电系的李东生是典型的工科男，但他却酷爱文史。在后来企业发展中，他展示出了自己在文史方面的知识和见地，以"诸侯文化"比喻企业格局，并引发企业改革，扭转了TCL业绩下滑的局面。

李东生（右）在母校六十周年校庆杰出校友论坛与陈春花教授（左）对话

2006年，李东生深思熟虑，怀着焦虑而沉重的心情，写下了《鹰的重生》这篇文章。借用鹰在40岁时脱喙、断趾、拔羽后重生的故事，李东生开始重塑TCL。文章写得颇为动情，充满了隐喻含义。李东生不仅展示了重振TCL雄风的决心，同时也反思自己，文中写道：

"我深深感到我本人应该为此承担主要的责任。我没能在推进企业文化变革创新方面做出最正确的判断和决策；没有勇气去完全揭开内部存在的问题，特别是在这些问题与创业的高管和一些关键岗位主管、小团体的利益绞在一起的时候，我没有勇气去捅破它；在明知道一些管理者能力、人品或价值观不能胜任他所承担的责任时，我没有果断进行调整……久而久之，使公司内部风气变坏，员工激情减退，信心丧失，一些满怀激情的员工报效无门，许多员工也因此而离开了我们的企业。回想这些，我感到无比痛心和负疚。"

文中直指TCL企业"诸侯文化"的问题，承认自己曾经顾及太多人情，未能及时开展变革。该文被贴在TCL的内部网站，很快引来超过2万多条的跟帖。不少员工都感同身受，深有体会，有的写了长达万字。李东生在分析清楚企业内部存在的问题后，便是快马加鞭的改革。

紧接着，是TCL企业文化的重塑，从过度重视人情，转为重视制度化管理。过度的温情管理常常碍于人情，难以赏罚分明，员工发生过失不愿承担责任，致使情况越来越糟糕。而大刀阔斧地改革，看似无人情味，实质上却有效推动了企业的进步，增加企业效益。改革期间，很多创业元老退了下来。李东生非常重感情，但他知道自己必须挺过这样的煎熬。

时光过去了五年。2011年初，李东生面对众多媒体，庄重宣告：鹰已重生。他说，难关已过，并购达到了预期，国际化道路愈发明朗。经历了重大变革后的李东生对未来更加充满信心。

这样的人文情怀不仅出现在李东生这样的1977级毕业生身上，也延续在80后年轻人的身上，例如上文提到的袁玉宇，他已成为一位广东海归创业的领军人物。31岁时，他就入选了中央第六批"千人计划"创业人才，成为广东最年轻的入选者。

袁玉宇于2002年从华南理工大学生物工程专业本科毕业。早在读书时，袁玉宇就是充满生活情趣的人，爱听音乐，在音乐中，他得以放松自己的心情，可以自由驰骋遨游。那时候，大学生听歌喜欢用随身听，但是一盘专辑里中意的歌曲往往就那么一两首，想听自己喜欢的歌，得花钱买一大堆CD，对大学生来说，这是一笔不菲的开销。

"能不能做一盘CD都是自己喜欢的歌呢？"袁玉宇敏锐地捕捉到了这一信息。借助校园网速度快的优势，他下载了大量流行歌曲，制作了厚厚一本歌曲目录，还动员宿舍舍友参与到业务中，一起发传单做宣传。这种量身定做的"劲歌金曲"式CD，不但可以收录自己喜爱的歌曲，而且由于价格便宜受到了大学生的欢迎。这种敢想敢做的拼劲，成为袁玉宇创业的力量。

世泽教育培训学校校长焦良的爱好和兴趣非常广泛，他1981年就读于华南工学院有机高分子材料系橡胶制品专业，围棋、桥牌、排球等都经常玩，同袁玉宇一样，音乐也是他的至爱，他提及："那个年代最时兴的就是听邓丽君、罗文、陈百强、谭咏麟等人的歌曲。"大学阶段是人生非常宝贵的经历，特别是来到了当时的改革开放之都——广州，在这里的所见所闻对焦良产生了很大的影响。"当时在广州，我参观了很多工厂和企业，有国营的也有外资的，见识了许多先进的设备，确实学到了很多和云南不一样的东西。当时我就觉得，我要把这些东西带到家乡，带到云南来。"

说到大学学习，焦良认为，首先要确定目标。有了奋斗目标，学习上才会有动力。大学的学习，无论是基础课程还是专业课程都很重要，这些都能开拓人的视野，提高人的思维能力和独立思考能力。在学好本专业的同时，还要博览群书，除了自然科学知识，也要学好文史哲，"特别是在信息量爆炸的现代社会，很多东西你不懂一点点，你真的没办法和别人沟通"。

人文情怀与企业文化息息相关。文史哲方面的智慧和知识能够帮助企业家修养身心，并且通过辐射，建立更加健全的企业文化，体现出企业的风骨。1985年毕业于华南工学院无机材料系陶瓷专业的黄建平对于企业文化的理解是：不能为了文化而文化。在华南理工大学企业家校友的眼中，企业文化不仅能够给企业带来更好的竞争力，而且是一种"德"。它是品行和责任，更是一种具有文史气质、承载心性的智慧和精神境界。

"文化代表着话语权，文化不强就没有话语权，没有话语权就没有定价权，没有定价权就不可能把产品卖出更高的价格。"从这种思维模式出发，黄建平建成了中国建筑陶瓷博物馆，还与东莞市委组织部共建东莞非公经济党建展览馆。黄建平说："我们通过将文化和艺术导入到传统制造业里，用来提升品牌和产业，创造经济效益；我们利用党建工作来丰富和完善民营企业的文化建设，使得企业成为一个可持续发展的企业。"

无心插柳柳成荫，这位专心做事业的人，获得了别人强求不得的荣誉。黄建平先后被广东省政府授予"优秀民营企业家"称号，被国家工商行政总局授予"2005中国企业商标50人"。黄建平还当选为全国人大代表。

许多商界同行对此感到不可思议，想打听其中的诀窍。黄建平说没有捷径，"宁向直中取，不从曲中求，以贡献赢得发展。"这是一种由工业精神延伸而来的处世智慧。

另一位华南理工大学校友、银河湾国际投资有限公司董事长赵伟平是2004级高级工商管理硕士研究生。他对企业文化有着这样的理解：一个企业要想创造好价值，就不能把个人目标放在第一位，要把员工的利益放在第一位，才可能实现股东利益最大化。他从点滴做起，从细处着手，提升员工的幸福指数。他要求所有的子公司都要建立一个小食堂，让员工吃到比较卫生可口的饭菜，能有在家里吃饭的感觉，可以吃得开心，吃得放心，保证大家的身体健康，使得员工的生活质量得到提升。他让员工体会到企业最大的受益者是员工本身，员工应该作为企业最直接的受益人。

与赵伟平所见略同，金银河智能装备股份有限公司创始人、华南理工大学校友张启发也把回报员工看成企业的动力。张启发1986考入华南工学院化工机械专业。从金银河公司创立以来，"品高成大器"一直是公司坚守的信念和价值观。对此，张启发解释，所谓品高，应当包含两个方面，一方面是产品，一方面是人才。产品是企业立足市场的核心，人才则是企业发展的依靠，而此二者缺一不可。

"金银河产品是金银河人的骄傲"，张启发介绍，金银河公司要做有机硅化合物和锂电池智能装备行业中的佼佼者，致力于发展成为五星级的智能装备企业。为

张启发（前排左四）检查生产过程

此，他们在产品要求上极尽苛刻，精益求精，力求把金银河产品做到完美，做到极致，使每一款产品都能成为经典之作。正是在这样的理念下，当公司研发的产品一旦投入生产，很快就会受到市场的热捧。

品质高不只是产品的品质高，更是人才的品质高。在金银河公司办公楼里，张贴着这样的宣传标语："回报员工是企业进步的动力，回报国家是企业应尽的责任，回馈社会是一种企业美德。"这不仅体现了企业的担当，也体现了对人才的重视。张启发认为，选好人才、尊重人才非常重要。为此，他制订了人才提升的"优才方案"，定期组织员工学习和参加培训，针对有突出贡献的人才设置专项奖励。为更好地留住人才，激励员工，在公司股改时，重视对骨干技术人才的股份分配。通过这些措施，大大调动了员工的积极性，激发了他们的工作热情。

在这样的企业文化理念的指引下，张启发带领金银河公司一次次走在国内同行的前列，特别是在有机硅和锂电池行业领域，他们开发出在国内乃至世界领先的一系列有机硅化合物和锂电池自动化生产装备，使国内有机硅和锂电池行业及组织模式发生了革命性的改变。

有了适宜企业发展的文化环境，才能让企业健康成长；员工是企业的一个个小细胞，只有小细胞好了，才有整个机体的健康；企业是以赢利为目的的机构，如果企业本身不好，其他都无从谈起了；消费者用了好的产品，企业才能有好口碑，才能发展下去。

现任广州好迪化妆品有限公司总裁的黄家武总是能把"小我"置于"大我"中

考虑，家天下的大情怀让他能掌握时代的脉搏，取得成功。他创建的广州好迪集团位于广州市白云区的生产基地，有着占地4万多平方米的花园式厂房，生产设备极为先进，环保设施也极为完善。宽敞明亮的工作环境和员工宿舍、整洁规范的职工食堂、藏书丰富的阅览室、良好的健身场所、健全的休闲娱乐设施等，更是处处体现企业对员工的人文关怀。

黄家武为华南理工大学2004级EMBA班学员，1992年创建广州市好迪化妆品有限公司。"大家好，才是真的好！"诠释了黄家武对好而不贵的品质追求，也正是这样一种分享的理念，造就了好迪特有的企业文化。好迪"三怪"总是让人津津乐道——"上班不打卡，生产不计件，吃饭不凭票"，员工们享受着分享的快乐。对一定规模的民营企业来说，这样的管理模式近乎天方夜谭，但是好迪做到了。企业家的道德力量和人格魅力已经被广大员工感受到，企业内部的员工之间已经形成了对企业文化规则的自觉遵守。黄家武人性化的管理手段，带给公司轻松和谐的气氛，带给员工齐心协力的氛围，也带给黄家武二十多年的快乐经营和事业上的快速发展。

黄家武认为，好迪的不断发展壮大，是所有员工共同奋战的结果，公司的每一位员工是企业最大的财富。"如果员工不能从公司的发展中获益，那么关注弱势群体就是一句空话。"

这是一群心系祖国、孜孜以求的企业家，他们或对社会深切关怀，或对生命独立思考，或对真理执着追求，他们重视将科学精神和人文精神相结合，不断推进社会的发展和进步，这是华南理工人的神圣责任，也是华南理工人未来不断前进的动力。

这所矗立在南粤大地上的高等学府积淀了深厚的文化底蕴，形成了特色鲜明的大学文化。正是在这种大学文化的激励和影响下，代代华南理工人攻坚克难，弦歌不辍，砥砺前行，描绘了一幅与时代同步伐、与祖国共命运、与人民齐奋斗的恢宏画卷。

漫步华南理工大学历史长廊，我们能感受到华南理工人敢为人先、革故鼎新的胆识和气魄，勇担使命、开放包容的胸襟和情怀，潜沉笃行、勇攀高峰的追求和理想。六十多年积淀形成的华南理工文化，是学校发展的重要引擎，也是校友企业家塑造企业文化的重要源头，它必将激励广大师生再接再厉，赓续伟业，将学校推向新一轮的发展历程。

第二节
慈乌反哺办教育　师者之德传思想

芳草地、绿荫林，满目葱茏，其间，红楼点缀。山映斜阳天接水，日暮警戒，石梯砺步。华园风景无数，或巍峨，或隽美，或绚丽，或朴素，风韵不一。

隐居幽林的百步梯，是华南理工精神最简洁朴素的表现，纯粹质朴、默默无言、脚踏实地、攀登不息、坚持不懈、顽强拼搏、登高望远、壮志凌云……

百步梯正是华南理工师者"桃李不言，下自成蹊"最原始的表述。所谓："桃李欣能枝满果，园丁岂悔鬓添霜。华南理工英才出，老骥喘余意自扬。"这是老一辈华南理工人对后来者的叮嘱、期许，也是历代华南理工人宝贵的赠予。

教师的言行，使他们变得深沉、清醒、深刻，历代先贤的警语，让他们的生命得到重塑。那些不同凡响的思想挣脱了光阴的隧道，即使是千百年前的真知灼见，时至今日仍新颖如故，熠熠生辉。

许多华南理工大学校友在社会取得了非凡成就，也有一部分校友牵挂着教育，为国家的教育事业贡献了自己的一份智慧和力量。他们将所学传授于下一代，只为了培养更多像他们一样优秀的人才。他们热爱这份事业，热爱他们所面对的每一个学生。一批批走出校门的学生，或是被他们真挚、严谨规范、表现力极强的教学风格启迪，或是被他们办教育的理念、执着和勇气所感染。

在华园，有一位知性、博学的女教授讲课和演讲的风度堪称一绝，在她的讲座上，总是出现人气"爆棚"的现象。她提倡演说的自由发挥，不带讲稿，讲起来挥洒自如，铿锵有力。她深得学生爱戴，经常有学生向她请教各种问题，或找她聊天，海阔天空地自由畅谈。她的一言一行影响了无数学子，她被大家亲切地称作"花姐"，一时间，"花姐"成为很多学生追捧的偶像。

陈春花是集教授、企业家、作家于一身的传奇女性。2013年5月22日，新希望六和股份有限公司宣布，陈春花为联席董事长兼首席执行官。

陈春花出生在黑龙江齐齐哈尔昂昂溪，那里被称作"大草甸"。"一望无际的草甸缀满紫色、蓝色、红色的小花，小时候常常坐在草丛中看花……"这充满诗意的画面，是陈春花关于童年的无数美好回忆。

在陈春花的人生中，影响最大的是齐齐哈尔中学的班主任宁齐堃老师。陈春花说："我对宁齐堃老师充满感恩之情。她教我们时，已经50岁了，个子很小，却总是整齐的装饰、亮亮的皮鞋、梳理得好好的发型。简陋的课室在她的字画装裱下，显得诗意盎然。她教大家唱歌、写书法、作诗写词，带我们去郊游。"宁齐堃老师展开羽翼，注入女性的柔婉、温和，赋予孩子们坚强的秉性，教会大家热爱生活，追求美，创造价值……老师的教诲影响了陈春花一生，成为她长久以来的精神寄托。也是在宁齐堃老师的影响下，她立志要成为一名教师。1998年，宁齐堃老师不幸病逝。2007年，为回报师恩，陈春花决定在老师曾就读的哈尔滨师范大学设立"宁齐堃教学奖"，以此激励更多青年教师投身教育事业。

令人感动的是，2012年，陈春花的两位学生——蔡朝林、陈国雄校友感念在华南理工求学期间老师的教诲，在母校设立"春花青年教师奖励金"，奖励在教学上卓有建树的优秀青年教师。陈春花对奖励金的设立发表了感言，用"激动、感动、行动"总结了自己的感受。陈春花和她的老师宁齐堃用自己的智慧和执着，将这份师者的情怀，沉淀为精神的沃土，不断让希望生根、发芽。

陈春花喜欢与学生在课堂上的互动交流。至今她对第一次上课的情景记忆犹新。她给学生上的第一堂课是马克思主义哲学原理，而她学的专业是无线电，对于一个非专业背景的人，初登讲坛的陈春花难免惴惴不安。她仔细地备课，足足花了半个月。那堂课后，学生在黑板上写了一句话："陈老师，这个星期五结束，我们期待下个星期五。"陈春花说这句话给了她莫大的鼓舞，使她爱上了这三尺讲台。

在各种场合，她总是号召学生要学会管理时间，认为管理时间的习惯一旦养成，就能很好地把握未来："一是把全天的时间分段，一段时间只做一件事情；二是重要的事情先做；三是不断提高做事效率，争取一次比一次高效。"

陈春花的美是由内在散发出来的，在她脸上总是一副开朗、和善的神情，那份不期然释放出来的亲和力，让人体会到生命的温婉。她坚持梦想、孜孜以求的精神，让无数师生为之动容。曾是陈春花的学生、现在已是一位教师的李洁芳写道："陈老师也许是我一生也无法企及的高度，我愿像老师一样无私为学生奉献，去传播老师带给我的知识、信念和智慧……"

华园里走出了很多像陈春花一样的对教育事业充满热爱的工作者，他们或成就斐然，芳名远播；或默默无闻、甘于寂寞。日复一日、看似乏味的工作，却不会阻挡他们内心的激情。他们都是华园的符号，都是华园缤纷景象中不可或缺的一抹色彩，对于他们而言，工作已然成为一种享受、一种状态、一种境界。

百年农工子弟职业学校校长姚莉于1982年毕业于华南工学院造纸专业，1987年获得华南工学院硕士学位。百年农工子弟职业学校最初是在北京创办的全免费职业学校，如今已在全国8个地区开设分校，每年为特别贫困的年轻人提供免费职业教育，为社会输送专业技术工人。2012年姚莉荣获管理中国企业社会责任年会"年度责任领袖"称号。

在成立职业学校前，姚莉在自己创办的物业公司的运营管理过程中，发现国内符合公司发展需要的专业技术人员非常短缺，有经验的老工人往往不太懂先进的技术设备，而有相关专业背景知识的大学生又不愿意从事物业管理行业。而大批农民工子女的教育亟须提升，这样有利于减少社会的不稳定因素。于是，一个念头在姚莉的心中萌发：办一所全免费的农民工子弟职业学校，培养企业所需的人才。

就这样，姚莉开始了新的尝试。她回忆说："最早产生这个想法的时候，我跟周围几个做企业的朋友一说，他们都说太好了，你来做，我一定支持你，一个个积极的声音坚定了我坚持去做的信心。"这份信任来源于姚莉长期建立起来的诚信和声望。第一批企业资助姚莉时，当时连学校都还没有，正是凭着对姚莉在过去经营企业中的积极负责的态度，他们相信姚莉能做好。姚莉说："我很感激周围的人对我的信任。"

然而，最初信心满满、雄心勃勃的姚莉被浇过一次次冷水。办免费职校是大规模的工作，许多棘手的问题需要解决：建立管理团队、得到可以接受捐款的公益机构注册和职业学校注册、寻求合作伙伴、筹备师资……姚莉感慨："现实与我们的理想之间的差距太大了。"与职业学校的洽谈失败，差点让姚莉彻底放弃申办学校的念头。

一次，姚莉偶遇一位开电梯的小姑娘。小姑娘因业主反映不需要专门开电梯的人而面临下岗，她想参加个培训班，学点技术，换个稳定的工作。小姑娘清澈而渴望的眼神让姚莉找到了坚持的动力，也明确了提供就业教育的目标，重拾了信心。

开办职校后，为了让企业满意，姚莉带领员工把每个学生的情况制成了光盘，逐一发给企业，同时学校还授以学生面试技巧，培养应聘能力，分批欢送学生走上实习岗位。然而，困难仍然不少，有时接到实习单位电话，说学生没有去上班。学生回校抱怨说单位只让做简单的没有技术含量的活，学的技术用不上，不满意这份实习。还有平时表现积极、好学的学生打电话给姚莉，对主管让她打了一天苍蝇表示不满。没过一周，实习单位来电说好几位学生不想工作。其实实习单位是安排一小阶段基本工作，等实习生熟悉环境后再安排他们干一些更需要技术的活，可学生们却有各种不满和抱怨。姚莉的心情开始沉重。

失落中的姚莉收到了好友的邮件："别生气了，我们尽力了，学生慢慢会懂的，他们需要时间。"看到这，姚莉突然想起了当年在华南工学院做毕业论文遇到困难时，导师卢谦和教授对她说的一句话："没关系，我们还有时间。"姚莉猛然间领悟到：人不就是在不断的试错过程中度过自己的人生吗？"即使失败了，也没什么大不了，至少尝试了、尽力了，这就是生活。"

姚莉开始调整她的心情。慢慢地，事情迎来了转机，两名优秀的学生受到实习餐厅的表扬，她们进步很快，后来成了单位的骨干。开学前，不断有学生返校，兴致勃勃地向老师们描述这几周他们的经历，的确吃了很多苦，但仍然有人坚持了下来。再后来，姚莉听到了越来越多的好消息，学生毕业了也会常回校探望姚莉，有的涨工资了，生活环境得到了很大的改善；有的继续深造；有的则留在职校工作，传递这份爱。

百年职校的学生，入学第一课学的是怎么打饭、怎么使用厕所、怎样融入城市。学校特别开设了音乐、舞蹈、礼仪等课程。一门简单的语文课被分成国学、应用文写作和语文知识讲座三部分授课。百年职校自编教材，挤掉了"水分"，着眼于教学生"干货"。姚莉关注教学质量，探索职业教育方向，追求"干净、透明、高效"的非营利组织的管理理念，以期实现"以公平沟通教育"的梦想。

谈及对这所学校学生的希冀，姚莉说："希望我们培养的毕业生，将来能够同样具备这种爱心去帮助其他人。你可以选择帮助百年职校，你也可以选择帮助他人。"骨子里带着一股傲劲不服输，睿智而独具慧眼的她，不断挑战自己，心怀感恩，心系社会，为教育事业贡献自己的一份力量。

姚莉为农民工子弟提供了追求梦想的机会，改变了他们的人生轨迹。与姚莉同样钟情于培训教育的华南理工校友还有焦良。他是昆明五华世泽教育培训学校校长。焦良戴着一副镶边的眼镜，谈吐平易近人，笑容非常有亲和力，颇有教育工作者之风。

在从事教育行业之前，焦良有一番曲折的历程，他曾是一位运筹帷幄的企业决策者，曾任昆明橡胶二厂技术科科长、云南纺织工业学校校办厂厂长、昆明四新橡胶制品厂厂长、金恒手机责任有限公司技术部经理等职务。

焦良曾在西双版纳的一家橡胶公司负责培训厂里的工人和技术人员。在培训过程中，他发现厂里的工人，特别是来自云南省的边远地区、少数民族地区的人员素质、文化结构、学历层次比较低，大部分都只有小学毕业，很多人都没有上过初中，这也是导致云南省边陲地区发展滞后的原因之一。了解到这一情况后，焦良考虑到在云南省开展技术培训的紧迫性和市场需求，决定投身教育培训行业。

2006年，焦良在昆明创办了世泽教育培训学校，自己担任校长，主要针对云南省贫困、落后的地区开展成人教育。通过教育课程，提高学员的专业能力，丰富学员的技术知识，使他们获得专业认证，能适应更多行业和岗位的就业要求。

"一个家庭一年的总收入才两三千元，好一点的也才四五千元，生活极端贫困。"在了解贫困地区现状后，焦良极为忧心地说，"所以，我们真诚地希望能够将他们培养成具有技能的从业者，每个月能有两千块以上的收入，改善生活现状。"

云南省的教育培训机构遍地开花，行业竞争渐趋激烈。其中，培训机构鱼龙混杂，有些甚至为了盈利不择手段。焦良在这样的恶劣环境中，坚持公益、服务的办学宗旨，绝不多收学员一分钱，甚至主动给贫困的学员减免学费。

"教育培训行业，特别是针对贫困地区的培训，相对其他行业来说，它不能产生很多的利润，你必须是带有一定的公益心来办学，否则也会逐渐沦为牟利的手段。我们是希望能够真正给予学员高质量的回报，提高他们的收入水平。"

对于行业的情况，焦良坦言，目前的市场良莠不齐。但从长远来说，随着法制的健全，市场会逐渐净化，行得正才能行得远。国家的政策是每个行业都需要资格证书、上岗证，因此，教育培训的市场和前景还很广阔。

现今，世泽培训学校已经颇具规模，已向社会输送数千名毕业生。焦良在成就自己事业的同时，也服务了家乡，造福了社会，实现了自己的夙愿。

在创办培训学校前，焦良的履历多彩纷呈，但不管从事哪份工作，处在何种境况，他始终秉持恪尽职守的责任心和回报社会的赤子之心。他情系故土，心系家乡，时刻关注着家乡的变化，并投身西部边陲的教育事业，造福乡邻，服务社会。

回首人生旅程，焦良认为，有责任心是一个人成功最重要的因素，不管是对自己、对他人还是对社会都要有责任心。他特别强调："不管是在帮别人做事，还是为自己做事的时候，都要有责任心。当你帮别人打工的时候，你能像帮自己做事的态度来对待，那么当你自己开拓事业的时候，你就能以十倍的干劲去努力，就有很大的机会取得成功。"

从事教育事业，不仅可以像陈春花、姚莉、焦良一样当老师，办学校，还可以做科研、办研究机构。出生教育世家的莫道明一直对教育事业情有独钟，这一情结也催生了他心里的一个念头：创办一所外具古典书院风格、内具现代内容及设施的一流学校。一不做二不休，既然有了这想法，他便付诸实践，创办了现在的广东实验中学附属天河学校。

于是，除了广州昊源集团董事长这个身份，莫道明还有一个身份——广东实验中学附属天河学校董事长。

学校的建设倾注了莫道明颇多心血，在细节上追求完美使得投资额大大增加，莫道明却不这么认为："办教育与追求利润本来就是天生矛盾的，做好教育就必须舍得投资。教书育人是一个漫长的过程，短期是不可能实现回报的。这几年经常听见一些民办学校倒闭，就是因为这些办学者的眼光过于短视，没有清楚了解到教育的本质，急于谋利而忽略了教育质量。"

钟情于教育的莫道明认为："把自己的学识经验传授给更多的人，所作的社会贡献比当老板要大得多，而我自身的价值也在回馈社会当中得到更大的体现。"

在华南理工求学的岁月，不仅让莫道明学会了做事严谨、做人勤奋，更重要的是让他体会到教育的本质。教育，要让学生懂得什么是爱，什么是美，一个学生如果懂得了教育的本质，不单单会对母校产生更深的热爱，而且自然会成为一个有担当的人。

莫道明判断，随着中国改革和转型不断深化，需要更多的研究机构为政府部门提供更加独立、客观、有效的政策方案。然而，目前能提供独立、客观民间视角的优秀民间智库很少。

于是，已经办了一所学校的他依然不满足，又萌生了打造一所顶尖民间智库的愿望。很快，他便行动起来，成就了梦想，成为华南理工大学公共政策研究院（IPP）的理事长。IPP汇聚海内外知名的学者和实践者，积极回应转型中国的重大政治、经济和社会问题，致力于知识创新和专业的政策研究，提出切实有效的政策

莫道明（左一）和学者一起探讨问题

建议和解决方案。

有"中国先生"之誉的美国著名学者傅高义、中国台湾著名诗人余光中等海内外知名学者来到华南理工大学为师生做报告，都是应莫道明的邀请。"我想整合国内外资源，打造一所全国一流的民间智库，促进中国公共治理。"这就是莫道明的梦想。

研究院的名气渐渐从国内传到了国外，日本驻广州总领事馆曾打电话给莫道明，希望通过研究院了解中国的社会发展情况。在惊讶之余的莫道明也感到了欣慰，"因为那边告诉我是通过中国社科院在日本的研究机构介绍过来的，说中国能够比较独立客观研究问题的是我们的研究院。"

成立不到三年的时间，推出 IPP 公共政策专题研究报告（月刊）、IPP 公共政策丛书和政策咨询报告等系列决策咨询成果。成果涵盖中国政治、经济、社会、外交等多个领域，为中央政研室、国务院研究室、中央政法委、广东省委省政府及广州市委市政府等党政部门及领导提供决策咨询。

"力微任重久神疲，再竭衰庸定不支。苟利国家生死以，岂因祸福避趋之？"这正是莫道明加快促进教育和经济社会发展的强烈责任心和使命感的真实写照。

几乎每周，莫道明都要回到华园，"我现在将更多的时间花在了华南理工大学公共政策研究院"。当客座教授也好，兼职教授也罢，能够回到学校，跟学生们在一起，讲讲课，讨论问题，让他感到非常满足。

莫道明说，是学校让他做好了步入社会的准备，这种准备包括心理认识的准备、沟通交流的准备和个人修养的准备。"社会并不完美，但也正是因为它的不完美，才留给年轻人机会，留给我们空间去改造它，从而实现自己的理想、自己的价值。不要因为一些社会的丑恶现象而去回避，只有做好受挫的准备，才能成功。"被华南理工精神激励的莫道明也是这么激励着师弟师妹们，让他们秉持理想信念，一路前行，无论选择如何，都要坚持梦想并为之努力。

从一名学工科的本科生到一名管理学的研究生，从一名成功的企业家到研究社会发展的学者，莫道明和华园的不解之缘要从这两次华丽转身说起：1982 年考入华南工学院工控专业，2012 年昊源集团与华南理工大学合作，组建华南理工大学公共政策研究院。三十年的光景，莫道明的人生轨迹少不了母校的影子。

莫道明有一本父亲送他的日记本，扉页上写着："人生每一步，都要走得铿锵有力，回过头来看才不会有任何愧疚与遗憾。"这句朴素却富含人生哲理的话语从此成了他人生奋斗历程的注脚，踏实的脚步在他一路走来的道路上清晰可见。

"做一件事情，要有坚持下去的勇气，还要耐得住寂寞"，母校让莫道明懂得了什么是执着。莫道明说，读书期间获取的理论知识和学习方法、学习心得对他以后的事业起了重要的作用，他的成就与"读书"密不可分。

第三节
回馈社会献爱心　仁者之风暖人间

华园是秀美的，这美不失雍容和端庄，如同南国的榕树；这秀源于名门，故而典雅从容。绿茵场上的学生挥洒着年轻的汗水，图书馆里浸润着浓浓的书香，百步梯掩映在郁郁葱葱的苍翠中。

有时候，徜徉在校园中，不禁会想，这鸟语花香、树木葱茏之中，校园的秀美还有哪些其他的含义？事实上，正是大学里的责任与担当、温暖与爱心让校园中的自然风光更添一层韵味。

校友们坚持"尽己之力，添砖加瓦，坚持原则，报效祖国"，将渗入华南理工人骨子里的爱国之情、为公为民的使命感、责任感，淋漓尽致地挥洒。

热心公益，服务社会，赤子本色参与、投入慈善事业，是为人类社会奉献大爱的最好方式之一。在 2014 福布斯中国慈善家排行榜上，宝能集团董事长姚振华以 3305 万元上榜，他曾向母校华南理工大学捐赠 2000 万元，向沈阳慈善总会捐赠

2号楼

1000万元。

谈起回报社会的公益事业，姚振华说："这是企业应该做的，是每个中国人在力所能及的情况下都应该做的事，我们今后还要继续做。同时，企业应与时俱进，不断为社会创造更多新价值，这是企业担当的第一使命。"姚振华也谈到，身处转型社会，每个人应多些社会责任感，与人为善、回报社会。言谈间渗透着对社会、对国家的责任感。

姚振华持续多年积极参与公益事业，宝能集团赞助100万美元支持我国在美国华盛顿建设中国园推广中国文化，该项目于2010年被列为中美第二轮战略与经济对话26项成果之一；捐赠国家侨办批准召开的第十五届国际潮团联谊年会人民币200万元，支持这一事关海外统一战线的大型会议；支持生态文化建设，为中国生态文化协会捐款300万元；为广东2010年、2011年、2012年"6·30扶贫济困日"专项活动扶贫连续三年每年捐款1000万元，合计专项捐款3000万元。

此外，宝能持续多年为广东贫困大学生助学、落后地区教育设施建设、各地自然灾害捐助、文化体育交流、环保公益、社区扶贫等多项公益事业累计捐款捐物数千万元。

姚振华也是一位富有社会责任心的华南理工人、一位心怀社会的企业家。作为省工商联副主席、省政协常委，他敢于担当，积极为广东的区域发展、经济社会改革、三农发展、人才战略、教育改革等建言献策，尽己所能。

授人以鱼，不如授人以渔。姚振华在回馈社会时，不仅仅用捐款捐物来体现爱心，更多则是依托自身综合运营优势，不断创新扶贫机制，为多个贫困区域量身打造帮扶措施。姚振华还在广东韶关大力推进华南大宗农产品物流交易中心项目建设，积极为粤北地区农民提供就业岗位，促进粤北及周边山区经济发展。

2014年9月，宝能荣获中华慈善总会颁发的"中华慈善突出贡献奖（单位）"。该奖项既是对姚振华长期以来投身社会公益事业的肯定，也是对宝能持续探索扶贫济困长效机制的鼓励。

离开校园的日子，校友们也依然坚持这种人文精神，努力创造价值，传递爱心。凭着对真理的执着和向往，对过程的重视和追求，逐渐取得更大的成就，并用产品去造福人类，这是他们最质朴的愿望。

与姚振华回馈社会的方式类似，黄家武回首自己的成功，认为自己的运气非常好，得到很多人的帮助，这是社会对自己的厚爱，自己始终对社会、对政府、对人生，都怀有一颗感恩的心。正是这种"传统""创新"与"感恩"有机结合的理念，

姚振华（左二）乐于将自己的人生经验与学弟学妹分享

培育了广州好迪集团"五好一热心"的企业文化：国家好（维护国家利益）、消费者好（让渡顾客利益）、合作伙伴好（关注渠道利益）、员工好（保障员工利益）、企业好（企业获得利益）、热心公益事业。

二十多年如一日，黄家武带领公司积极参与社会公益活动：捐资修路、建校、建医院、赞助青少年事业发展、关注孤寡老人、扶贫济困、赈灾救灾。参与"广州一家亲"千人慈善捐赠活动，捐资广东省扶贫基金会、广东省慈善总会、广东公益恤孤助学促进会，为地震灾区捐资捐物等。

黄家武还是一个不忘本的人。他关注家乡发展，好迪集团曾以集团名义捐资250万元给家乡修路，并资助30万元安装路灯，捐资35万元给家乡的好几所农村小学添置课桌，拿出10多万元奖励优秀老师。每年春节前，会给家乡的五保户和低保户送去慰问金。

关爱弱势社群、扶贫助弱，黄家武把企业的发展融入社会的发展中，打造有社会责任感的新时代民营企业形象，在和谐的内外环境中走出了一条广阔的企业发展之路。

充满爱心、有贡献、有担当，是华南理工校友的特点与素质。他们无论在精神上还是具体行动上，都当之无愧，堪称华南理工人的楷模。这些从华南理工大学走出的企业家校友都是华园的符号，是华园明丽绚烂景象中浓墨重彩的一笔。

罗飞是广州市合生元生物制品有限公司董事长。与其他华南理工大学校友企业家一样，也热爱着自己的事业，有一腔热血。他引领合生元成为中国儿童益生菌市场的第一品牌，与中国红十字基金会共同设立母婴救助基金，专注慈善事业。罗飞本科就读于华南理工大学微生物工程学士学位，硕士就读于工业发酵专业。自2000年起，罗飞带领合生元公司与法国Lallemand集团在中国共同以"BIOSTIME合生元"品牌推广益生菌概念及系列营养健康产品。合生元产品以优良的品质和显著的功效赢得了市场的青睐，成为中国儿童益生菌市场的领导品牌。

2004年末，印度洋发生海啸，牵动着每一个人的心。在罗飞的带领下，合生元公司积极捐款给灾区灾民，尽一份绵薄之力。2003年至2005年，合生元公司与各地计生局、社区、幼儿园、医院合作，邀请相关专家，举行"儿童常见病预防与护理讲座"，普及儿童常见病的预防与护理知识。举办城乡大型募捐赠书公益活动，帮助改善贫困家庭儿童的生存状况和卫生保健状况，普及母婴保健知识。

在罗飞的倡导下，合生元公司向中国儿童少年基金会捐赠了500万册《儿童常见病护理手册》，筹集善款用于设立"中国儿童远离疾病专项基金"，重点用于对农村和相对不发达地区儿童的医疗保健救助和全国性的健康教育活动。全国约有300余家单位及机构参与此次活动，涉及全国20多个省。

另一方面，罗飞对于爱心的理解不单是捐款捐书这么简单，而且还在全社会倡导爱心公益活动。合生元公司在各地举办育儿活动的同时还组织爱心捐赠，通过"妈妈感谢卡"动员家长把家里不用的玩具、图书捐赠出来。设置捐赠物品回收点，收到捐赠物品后，联系医院或卫生站做消毒，与附近的孤儿院或福利院联系，将捐赠物品送到孤儿院或福利院。不断付出爱心，用爱让生活变得更美好。

赛莱拉国际美容机构总裁陈海佳的内心与罗飞一样充满爱，他不仅以"敬天爱人，和谐共赢"作为企业的理念，还积极投身于教育和公益事业，获得了宋庆龄基金会颁发的"爱心大使"荣誉称号。

陈海佳成立的"赛莱拉科技创新基金"，主要用于奖励包括华南理工大学在内的多所广东省著名学府的创造性科研人才，资助贫困学生完成学业。陈海佳是华南理工大学2006级EMBA学生，担任广州赛莱拉生物基因工程有限公司董事长兼总经理。2008年，陈海佳成立了"赛莱拉希望小学爱心基金"，援资50万元修建的第一所"赛莱拉希望小学"在四川地震区落成；在台湾8·8水灾后，他前往受灾的阿里山地区慰问和资助达邦国立小学。赛莱拉在高校长期开展大学生赛莱拉创业大赛，让学生体验创业，发挥个人才能，为就业选择提前做好准备，并开展大学生义卖，帮助贫困学生。

此外，还有不少从华园走出的校友夜以继日地奋斗在公益事业的战线上，他们怀着炽热的情，无私的爱，以其内在的纯净力量感染无数心灵，将人生的正能量传递得更广，让爱飞翔。这正是华南理工育人理念的具体体现：给学生足够的空间，去思想，去实践，在这样的环境中磨砺四年、七年，甚至更长时间，其收获不言而喻。

华园的培育，足以使一个青涩学子从稚嫩一步步踏实地走向成熟，一如秋日原野沉甸甸的麦穗，沉默不语，却丰硕殷实。

值得一提的是，作为华南理工大学的毕业生，许多校友都以科学技术、科学发明见长，让他们回馈社会的方式变得更加多样化。他们不仅可以通过捐赠和公益事业献出爱心，还能够发明、制造那些服务社会、为百姓生活带来福利的产品，通过科技创新，献出别具一格的爱心。

在拓璞集团2011年元旦庆典上，集团董事长、华南理工大学1986级校友李卫忠发表新年感言，对公司的员工说道："各个行业的企业要做对社会有益的事情。不管做什么，都要对得起自己的良心，要对社会负责，要对使用者负责，好品质源于良心。"

1990年从华南理工大学毕业以后，李卫忠虽然在国有企业获得很好的发展，又有出国深造的机会，但有想法、有闯劲的他并不想就此安稳下去，他想创造出自己的一片新天地。1998年，李卫忠发现，国内用普通水壶烧水既不方便又不节能，而当时在国外，电热水壶已经得到了普及使用，于是他抓住这个先机，创立了广州市拓璞电器发展有限公司。

在他的努力下，拓璞从一个十几人的小作坊起步，逐渐发展成一家专业从事中高端家用电器研发、设计、制造生产一体化的集团公司。产品销往欧、美、亚、澳、非等各大洲的数十个国家和地区。拓璞集团飞速发展的背后，是李卫忠十几年如一日脚踏实地的耕耘，是他对产品品质精益求精的追求。

2015年1月30日，CCTV-10《我爱发明》栏目播出了一期《压力大师》节目，其中介绍了一项新发明——超高压锅，又被称为补钙锅。这款超高压锅以绝对安全、食物味道鲜美、节能降耗等多方面的优势受到专家和群众的赞誉，它的发明人正是李卫忠。

"产品是要为生活服务的，所以，发明一定要接地气，要学会从生活中去发现需求，特别要注意对生活细节的观察。"

本着接地气、服务生活的态度去进行科学发明，李卫忠发明的超高压锅就是一个典型事例。日常生活中，我们身边因为高压锅爆炸造成人身伤害的事件触目惊心,李卫忠的一位亲人就曾因为遭遇高压锅的爆炸一直对高压锅心存余悸,而这也成了李卫忠的心结。怎样才能有绝不爆炸的高压锅?

经过反复思考,李卫忠改变市场上高压锅采用内部密闭环境下对水加热产生高压的做法,改用压力源外置的办法,通过特制的蒸汽发生器从外部对水快速加热,再将蒸汽输送到高压锅内部,并设置了温度和压力监测表,以了解和控制内部的温度和压力情况。经过检验测试,李卫忠发明的超高压锅不但安全可靠,而且节能高效,锅内可达到2个大气压,在短时间内甚至可以连骨带肉一起压软。

"我母亲已经80多岁,用超高压锅做出的骨头和肉,她都可以一起吃,所以我们也叫它补钙锅。"李卫忠自豪地说。

虽然身为董事长,但李卫忠也称自己为总工程师,因为公司的各项技术发明都少不了他的身影。"我最大的兴趣就是搞研发,还在大学读书的时候,就主动跑去辅修专利方面的课程。"技术加身的李卫忠从来都对发明保持着浓厚的兴趣。在他的带领下,拓璞集团组建了强大的研发团队,技术专利高达400多项。

"发明"这个词也许对许多人来说是高大上的事情,但李卫忠却说,发明的意义在于服务人们的生活,只要对生活有所帮助,能够满足人们的生活需要,任何发明都有其存在的价值。

李卫忠的母亲因为年事已高,双眼视力急剧下降,甚至面临失明的危险,而且还患有老年痴呆症。李卫忠带着母亲走遍广州各大医院,但诊断的结论是体征性视力衰退,不可能再恢复视力。焦灼的李卫忠突然想到,军事上训练狙击手眼力的办法是先练习夹大豆,再练习夹米粒,再练习夹芝麻。他深受启发,于是开发一套用钢筷子夹钢珠的"智力精灵",专供老年人娱乐,锻炼视力,活跃智力。他的母亲坚持每天用"智力精灵"练习,从开始的一分钟夹不起1粒,到现在甚至左右手都可以每分钟夹起20多粒。

如今,他母亲不但视力大大恢复,而且头脑灵活,鹤发童颜,神采奕奕。李卫忠为母亲研发产品的事迹,慢慢地广为人知,被评为"广州好人""广州道德模范",中宣部、北京电影制片厂更是以此为原型,拍摄了以孝老爱亲为主题的微电影《致母亲》,弘扬中华传统美德。

无独有偶,李卫忠的师兄、1967年毕业于华南工学院的周永耀也是一个致力于用科技改变生活的笃行者。周永耀在国内眼科领域是个来头不小的人物,他不是眼科专家,却在国内外都有一定的名望。"服务眼科,真情爱眼",这是周永耀所领导的苏州六六视觉科技股份有限公司的服务宗旨,也是刻在他心里一直不变的使命感。

周永耀总是说,做医疗器械的容不得有丝毫懈怠,做好了是病患的福音,要是做砸了，是要出大问题的。

尽管已经 70 多岁，周永耀却骑自行车上下班，并坚持在科研一线。企业的技术水平在国内外同行中不可小觑，但周永耀并没有把产品的价位定得很高，同类产品价格只有进口产品的一半甚至更低，担心把额外的费用转移到病患的身上。

周永耀在世界性眼科难题的攻关方面颇费心血。相关公开数据显示，全国青少年近视、老花眼、白内障人数有 6 亿多人。针对这一世界性难题，六六视觉研发了治疗白内障、老花眼、近视眼、眼保健的仪器并推向市场。

周永耀说，每次看到企业的产品帮助患者恢复视力，内心总感到无比自豪，觉得自己散发了一丝光亮，希望通过六六视觉的创新生产出来的产品，帮助更多的人恢复视力，重见光明。

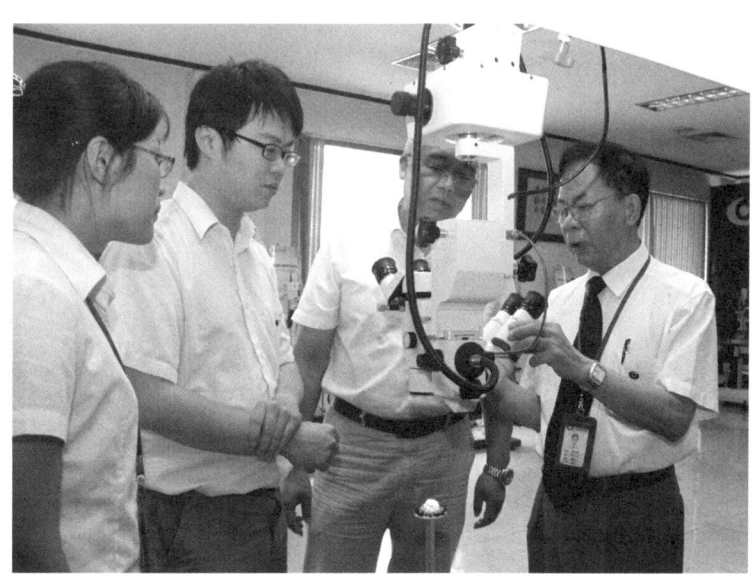

70多岁的周永耀（右一）仍坚持在科研一线

一流大学不以传授知识为唯一目的,它还教学生观察世间万物的变化和规律,筑造思想体系。这样的教育观赋予学生前瞻力和大局观,助他们在市场洪流中走在时代的前端。

第六章
战略眼光 深谋远虑

对于 30 多万服务在祖国大江南北、奋战在各个岗位上的广大华南理工校友来说，无论在什么岗位上，他们都用华南理工人的智慧和汗水为祖国的建设增添荣光。无论身处何种环境，从事何种职业，他们都因沉醉自己的事业而激情澎湃，因内心朝气蓬勃，创新创造的火花不断迸发。对于那些已经取得成功的企业家校友如麦伯良、莫天全、蔡建中、康敬伟……来说，他们的人生更是如此。

系统的高等教育不以传授知识为唯一目的，而是同时培养学生观察事物、分析事物、预见事物的能力。不知不觉中，母校赋予了这些校友对商机的敏锐嗅觉，让他们在企业生涯中更具有前瞻眼光和灵活运作的能力。在他们心中，挖掘产业前沿，引领行业先锋，并为国家作贡献是实现自我价值的最好方式，是一种至高无上的光荣。

5号楼

在广州这座高楼鳞次栉比、商铺应接不暇的城市，华南理工大学颇有些悠悠古韵，校园里独特的南国秀色会使人情不自禁地流连忘返，要将这浓浓的历史浸润和沉淀的浓浓文化气息尽收眼底，细细琢磨……每每回到母校，校友们都感慨于学校的变化，看到那一座座写满回忆的建筑、一片片生机勃勃的绿色，如同阅读一本厚重的书籍，心中更是对母校有一种无法言说的深情。回望每一处风景，不变的是西湖的钟声，每到整点，准时鸣响，先是四段高低起伏的乐音，婉转悠扬，舒缓流畅，悦耳动听，使人警醒，催人奋进，接下来是短而附带余韵的锤音，昂扬而坚挺。

"人才之聚，聚于事业，必事业愈兴，人才愈至。"校友们为母校悠久的历史而感怀，为学校深厚的文化底蕴而自豪，为校园中曾经或正在演绎的动人故事而感动。韶华不曾淡却的，是对母校的情怀；时光不曾斑驳的，是对华园的记忆。华南理工的谆谆教导、华园的点点滴滴都是他们一路成长的伴随，是他们此生宝贵的财富。

第一节
瞄准产业最前端　跟着世界需要走

如果说企业的科技实力和文化理念是战术优势，领导层的前瞻眼光和大局观则是战略优势。华南理工大学用综合培养方式赋予学生大局观，培养学生观察事物、分析事物、预见事物的能力，使他们毕业后的视野更具灵活性，更加善于深谋远虑。

同时，常年的创业实践让他们的智慧得到历练，达到更高的生命境界。商场如战场，其中的浮浮沉沉，对于他们是一种选择、一种事业、一种生活。生活在自己选择的事业和生活中，他们始终处在一种激情满怀、充满效率的状态。他们的青春和魅力是努力奋斗后的淡定与泰然，是风雨兼程后的豁达和乐观，在这种生命境界里走出的路，必将宽广豁达，如泰山顶上观日出，能预见产业的最前端，为自己的企业抢占优势，保持领先地位。

都说领导者思想的高度决定了一个企业的成长空间。华南理工 1977 级校友、中集集团总裁麦伯良，是中国集装箱工业的第一代工程师，身处产业的最早发展阶段，让他的创业思想比许多同行都更具有大局观。果然，经过不断的努力，麦伯良终于确立了中集集团的行业领头羊地位。

2008 年，中集集团被列为"2008 最具全球竞争力中国公司"第 49 位，"中国 500 最具价值品牌"第 40 位。而他本人，也曾获得中国 10 位"最具价值经理人""CCTV 年度经济人物""中国最具影响力的 25 位商界领袖""中国改革开放三十年经济百人榜"等殊荣。

麦伯良说，我们的基本思路是，首先了解清楚世界的发展趋势以及真正要发展什么，然后结合中国的优势，判断是否能发挥中集的优势，来选择中集需要发展的领域。

20 世纪 90 年代初，韩国集装箱制造行业在世界居领先地位，最高峰的时候占国际市场的份额超过 60%。当时大家还没有意识到集装箱产业即将转移到中国。麦伯良等中集人抓住这个机遇。1993 年，中集开始并购重组，先后收购大连集装箱厂、南通集装箱厂、新会集装箱厂、天津北洋集装箱厂、上海远东集装箱厂、青岛现代集装箱厂等 10 多个企业，中集公司资产规模迅速壮大。

中集将自己的成本控制、管理机制输入并购的企业，有效地整合了收购的企业，拥有了华南、华东、华北三大区域 18 个生产基地。

麦伯良认为，制造业是中集的优势，很多都是涉及钢铁、焊接、材料处理，这些东西中集都是有基础的，而且中集人对装备的概念是有知识的、有特长的，这才形成了中集的发展道路。制造发展到一定程度后，就必须加服务进去。"这个服务是广义的服务，例如提供融资租赁等金融服务等。如果客户有需求，我们要往这个方面走，要发展服务业，不能只做制造业了，甚至要发展金融业。"

"认准目标就要坚定不移地走自己的路。在工作上要比贡献、比提高、比进步，同时注意培养自己的创新精神，因为创新是民族的灵魂。如果中集能整合其他有资源能力的企业，帮政府一起完成城市的转型升级，那么，就能酝酿出一些新东西，而这本身也符合中集转型升级的需求。"麦伯良说。

迎难而上、报效祖国是华南理工企业家校友心系天下的无悔选择，每走一步路，他们都会考虑是否符合国家战略，是否符合社会和未来的发展趋势。

如果说麦伯良的前瞻眼光更符合国家战略，敖小强的前瞻眼光则与社会责任感息息相关，他长年专注环境监测，瞄准产业技术前端，研发环保技术装备。

敖小强 1985 毕业于华南工学院自动化系化工自动化及仪表专业，现任北京雪迪龙科技股份有限公司董事长。1998 年，敖小强成立了雪迪龙公司。十几年来，雪迪龙公司已经从民营小企业成长为专业从事环境监测系统、工业过程分析系统产品的研发、设计、生产、销售，同时提供分析仪器仪表和配件，以及运营维护服务的国家级高新技术企业。今天的雪迪龙，生产规模、技术水平居国内同行业领先地位，产品研发、销售和管理能力居我国分析仪器供应商前列。公司的成长与壮大，正是在敖小强的带领下，一步一个脚印、一年一个新台阶创造出来的。敖小强一直有一个信念，也是整个雪迪龙公司的奋斗目标：创造中国一流的分析仪器公司，打造世界一流的分析仪器品牌。敖小强和他的团队正是通过打造雪迪龙卓越的商业模式、品牌战略以及运营和服务模式，为振兴中国的分析仪器民族工业作出了积极贡献。

从公司成立，敖小强就把雪迪龙公司定位在高新技术的高起点上，将德国西门子作为首选合作伙伴，并与著名的分析仪器公司合作，广泛运用国外先进技术。在新产品的研发上，他更富有前瞻能力，引导和带领富有创新激情、可塑性极强的雪迪龙团队，创造性地研发出了国内领先、具有国际先进水平的系统设备和产品。2004 年，雪迪龙公司研制推出的污染物在线连续监测系统烟气监测系统软件，获得了国家专利，并已被广泛使用。

工作的十余年间，敖小强勤勤恳恳，兢兢业业。后来在艰苦的创业生涯中，面对变化多端的市场和竞争激烈的环境，他信心满满，奋力拼搏。正是他坚定的信念、脚踏实地的步伐，让他在职业生涯上健步如飞。而今，敖小强带领雪迪龙公司研制开发的产品广泛应用于环保、电力、水泥、化工、冶金等领域，形成了国内具有相当规模的分析仪器和科学设备研发与制造产业。雪迪龙公司已成为德国西门子公司在全球分析仪器仪表领域最大的合作伙伴，成为在国际上极富竞争力的分析仪器和控制系统制造和经营企业。

要时刻将目光保持在最前沿，除了对市场环境的客观分析，还有一种切入点，那就是关注细节，关注生活体验，从中受到启发，寻找灵感。

1999 年从华南理工大学工民建专业毕业的邱彪，已经建立了一家成功的建筑物检测鉴定公司，但他清醒地意识到市场环境的巨大变化。一方面，传统行业竞争更加激烈，过去成片的商业蓝海早已变成了红海，甚至已经被厮杀搏斗成了死海；另一方面，互联网技术的进步给新兴行业带来了无限的可能性，物联网、大数据、移动终端技术……每一个新概念或新运用的背后，都是潜在的数以万亿的大市场。

邱彪确定自己的创业方向缘于一次偶然的生活体验和心得。有一天晚上，妻子让他出门给孩子买些感冒药，可他不知道附近哪里有药店，转了好久才找到。这时候他就想，是否可以有一个网站，可以告诉人们在自己家附近，可以找到生活需要的商店或者服务。

围绕这个想法，他为二次创业找到了切入点，并逐渐打磨，在 2010 年成立了深圳市百米生活股份有限公司。公司主要通过商业 WiFi 来连接人与服务。作为消费者，只需要通过百米生活安装的路由器来连接网络，就可以清楚知道附近 3 公里范围内的各种商家和服务。这个时候如果还要去买药的话，只需要连下 WIFI，附近的药店地址、电话就都一目了然。百米生活的理念——"世界虽大，百米足矣"便由此而来。

公司成立后，华南理工大学 1994 级校友谭砚耘、1996 级校友梁新刚的先后加入让邱彪如虎添翼。2015 年年底公司就已占据了同行业 37% 的市场份额，在深圳举办的"与未来连接——寻找深圳下一只独角兽"评选活动中，被评为"最具独角兽潜质的创业企业"。由于模式创新和业务发展，公司持续受到市场资本的广泛关注，获得顺丰、元禾联合 A 轮融资，并于 2016 年 5 月在新三板挂牌上市。

智慧与勤劳并存，艰苦与荣光同在，一定要到达最初的梦想，这是校友们选择的道路。雷曼光电创始人、董事长兼总裁李漫铁于 1990 年毕业于华南理工大学无线电工程系无线电技术专业。2002 年，李漫铁结束了他在无线寻呼行业办了九年的公司。之后的两年里，李漫铁先后考察了四五个行业，他到处拜访相关专家，参加行业论坛，物色人才团队。正是在充分调研的基础上，李漫铁才最终选定了 LED 行业。除了调研，第一次创业所积累的资金、管理经验、经营思路和文化方面的传承，也是他再次创业成功所不可或缺的重要因素。

时刻关注产业最前沿，有担当，有贡献，务实、智慧、勤恳是华南理工人的特点与素质，他们无论在工作中，还是为人处世中，都当之无愧堪称华南理工人的楷模。或许，一个华南理工人在工作中创造的价值与整个国民经济相比显得比较微小，但是成千上万的校友将他们的努力汇聚，必会创造出源源不断的经济效益。

同样取得辉煌战绩的还有莫天全，他始终在自己看好的房产垂直门户网上耕耘，并做成了全球最大的房产类专业垂直门户网站——搜房网。莫天全创建的搜房网为中国房地产创造了崭新的信息渠道和营销通路，是全球排名第一的房地产家居网络平台。他不断追问自己：这个领域你是否擅长，是否适合自己的特点。

《孙子兵法》云："知己知彼，百战不殆。"莫天全说："大学生只有深刻认识自己的优点和缺点后，才能在扬长避短基础上对创业进行准确定位。如果不能发掘自己的特长，还是先去一些机构去学习，创业晚几年也不迟。"莫天全创业前在美国道琼斯 Teleres 工作涉足的就是房地产资讯方面，他选择创业的方向，恰恰更好地发挥了自己的长处。

早在 1999 年，莫天全赶上了互联网发展热潮，创办了搜房网。2006 年，莫天全的名字被很多人熟悉起来，他以 12 亿元身价在《胡润 IT 富豪榜》上名列第 28 位。2010 年，搜房网在房地产环境极为严峻的形势下正式于美国纽约证券交易所上市，开盘股价 67 美元，创造了中国企业赴美上市的多项纪录。

莫天全常常是一身商务休闲装，显得沉稳、儒雅、干练，他的语调平和而流畅："华南理工是我人生当中非常难忘的一段经历，也是我获取知识、获取学习和工作的方式方法之地。"

"传统的房地产信息比较难赚钱，但是我们机遇很好，当初 1999 年、2000 年的时候互联网开始在国内外疯狂发展，我们抓住一个好的机遇，把传统的房地产信息转移到互联网平台上来做，就诞生了搜房网。"

在创建和发展搜房网的过程中，莫天全经历了 2000 年互联网的泡沫，他想尽办法筹措资金。幸运之神分外垂青他，几乎在每一个关键节点，搜房网都能得到大笔的投资。

在热闹的互联网中，莫天全坚持在房地产专业领域精耕细作，一步一个脚印进取。他对中国地产业未来的发展相当有信心。他认为，搜房需要的是坚持，挺过最困难的时期，必定有一个美好的未来。如今，搜房网是全球排名第一的房地产家居网络平台，在购房者中具有无可比拟的影响力和号召力，是中国十大互联网企业之一，并在中国106个城市设有分公司，有8000多名员工开展业务。

对管理团队和客户进行培训，是搜房网今后发展的重要着眼点。2012年12月23日，搜房网宣布计划斥资4600万美元收购位于纽约华尔街72号的前AIG（美国国际集团）培训中心。据称，这是中国互联网企业首次在华尔街这样的"黄金地段"购置物业。搜房网将把这座大楼用作全球培训中心，向管理团队和合作伙伴提供高质量的培训课程及具备独特价值的观点和建议。他表示，这些将变成"搜房管理学校"中的一个重要体系。

莫天全、麦伯良和敖小强的事迹只是几个较为典型的例子，还有许多华南理工企业家校友都拥有广阔的学识、智慧与洞察力，散发出一种坚实的精神力量，激励和感染华园的新一代学子。他们也很眷念华南理工浓厚的学术氛围，很喜欢和这里的青年学子们进行交流。

追忆起当年的点点滴滴，已是功成名就的校友们总有着忆苦思甜的欣慰。在华南理工，他们收获知识的同时，也收获了情谊，学到了做人的道理。年轻时养成了受益终生的进取精神，对如何为人处世也有着更深的认识：养成良好品德，做对社会有用的人；培养自己的兴趣，做自己喜欢做的事；坚定目标，最终才能做出一番成就，实现自己的人生价值。

第二节
新兴市场藏商机　捷足先登拔头筹

时代更迭不息，市场瞬息万变，只有最早发现并涉足新兴市场的企业，才能分到最大一块蛋糕。只要下手准，出手快，往往能捷足先登，取得不错的成绩。

在华南理工大学校友中，蔡建中就是一个典型的例子。他瞅准机会，及时出招，由建筑行业转入漂染行业，成为纺织行业的龙头。1969年，蔡建中与人合作开设了香港最早期的针织染厂——高泰染厂。1997年，成立了互太纺织有限公司并出任公司董事局主席。2004年，互太公司实现工业总产值17亿元，据国家海关总署统计，互太公司针织品出品量在全国位于第三位，互太公司也被国家统计局评为2004年全国重点行业针棉制品类十佳之一，至2011年集团市值超75亿元。

1962年年初，蔡建中告别故乡与家人，随着南下的人潮，只身来到了人生地不熟的香港。在建筑系同学的帮助下，他在建筑公司找到地盘监管的工作。经过一两年的努力，蔡建中建立了一定的人际关系，并积累了一定的资金，他开始考虑人生大事——成家立室及自行创业。1966年，蔡建中与在香港的同门师妹、曾就读于华南工学院化工学院的罗爱梅同学喜结连理。这一年，香港的轻工业渐有起色，在这个历史时刻，蔡建中把握机遇，及时由建筑行业转入漂染行业，1969年，蔡建中开设高泰染厂。

经过近十年的发展，蔡建中与友人合作的高泰染厂已发展成一间颇具规模的纺织集团公司——福田纺织集团有限公司，并于80年代在香港上市。蔡建中把在内地学到的一套方法活学活用，创造出一套缩短工艺生产流程的生产方法，加上投资最新的生产设备，大大提高了生产力。当时福田纺织集团的生产规模及生产效率每年均高速增长，税后纯利以亿元计算。

1996年，蔡建中把所持股份全数卖给合伙人，离开了曾经艰苦创业并取得成功的工厂。但很快，他又重新披上了战衣。1997年，蔡建中仅用了四个月的时间就在万顷沙镇建成了互太公司的第一期厂房，不到半年的时间生产线也投入了运行。在蔡建中任主席的董事局领导下，秉着"谦和、诚信、进取、创新"的管理理念，互太公司很快发展成纺织印染行业举足轻重的业界明星。

蔡建中（左）回馈母校，为获得奖学金的学子颁奖

经济全球化的不断深入是新兴国家快速发展的重要外部条件，而改革的不断深入和对外开放的不断扩大，则是新兴市场快速发展的动力之源。

智能硬件是新兴科技、新兴生活理念的产品，通过软硬件结合，对传统设备进行改造，使其拥有智能化功能。1991年毕业于华南理工大学电气工程的康敬伟是科通芯城董事长。2010年，康敬伟创立了中国最大的电子制造企业采购电商平台——科通芯城，并于2014年成功在香港联交所上市，融资13亿港币。2015年11月，他凭借在互联网行业领先的创新力，以及打造的硬蛋平台生态，荣获2015年度中国企业家大奖。康敬伟表示，"互联网+"大潮之下，科通芯城将要被打造成为一个以IC元器件为入口，扩展到软件、硬件和供应链金融服务等多元化业务的平台。

科通芯城以IC元器件作为入口，建立起企业关系，搜集众多数据，然后以数据为基础，发挥平台作用，出售软件、云服务以及供应链金融等产品，最火的智能硬件厂商都成为平台上的客户。

除了像蔡建中和康敬伟那样需要拥有灵敏的市场嗅觉之外，对于那些能发现新兴市场商机、精准聚焦新事物的人，还需要拥有独特的思考方式。例如广化塑料管道有限公司董事长兼总经理林明松，就以尼采的哲学做比喻，有着自己的思考方式。

林明松1990年毕业于华南理工大学化工机械系高分子材料化工机械专业。他曾提到，近代哲学家尼采的"精神有三变"，尼采以骆驼、狮子和婴儿喻为人生精神阶段的三境界。"骆驼"是指积累，是通过勤学苦练、吃苦耐劳、积累知识、智慧以及精神的力量，是吃苦历练的阶段；"狮子"是指有了作为骆驼的历练与积累，接下来就是狮子的勇猛拼杀，展现自己才智的阶段；"婴儿"则是得到以后的回归，随性、自由阶段。

林明松解释说，骆驼有"沙漠之舟"的称号，能背负重担，忍受考验，毅然决然向前走。人在年轻时，在职业的初级阶段，就像只骆驼，接受父母师长的教导与指示，听别人对你说，"你应该如何、如何……"默默无闻、负重前行。在职业的中后期阶段，精神必须蜕变为狮子。狮子有"森林之王"的称号，抱有大无畏的精神，具有强劲的生命力与开创的勇气。和骆驼相比，狮子的象征是，你对自己说"我要如何、如何……"这显然是从一个被动的自己转变为主动了。人生成败的关键就是从被动到主动。

林明松刚上任当总经理的半年，压力与彷徨并存，食不甘味、夜寝难安，险些患上抑郁症。然而，经历过了七年国企总经理的历练，加上一直以来对于企业有抚养孩子般的感情，林明松毅然选择了迎接挑战，用个人全部房产抵押给银行，还从亲戚中筹借资金，买下原公司的生产设备、品牌、产品等，开始做自己的企业。经过五年的拼搏努力，现公司的年销售收入已超过1亿多元，公司成为国内外具有影响力的管道制造商。正如林明松所说，人生的每一次选择都来自于内心的指引。人最重要的就是要有勇气去接受生活的馈赠和挑战，勇气有时候比能力更重要。

"我自认为我现在处于人生的狮子阶段，闯闯荡荡，不知疲惫。在做好现有企业的同时，现正筹划往产业供应链的上游发展，为塑料管道行业提供有技术含量的高分子新材料。"也正是"眼中有路，心中有光"这句话一直指引着林明松迎接挑战，走向成功。

企业家校友们思维方式现代化，拥有敏锐的嗅觉，也善于将先进的管理理念运用到经营实践中，同时，吹毛求疵般地挑剔产品质量缺陷，这也是行为职业化的一种要求。有了这种职业精神的人，成功只是时间早晚的问题。

AEM公司董事长兼CEO张海明的传奇故事曾先后被美国CNN有线电视台、中国中央电视台、人民日报社等多个媒体采访报道。美国主流媒体《圣迭戈联合论坛报》(*The San Diego Union-Tribune*)也发表文章赞誉张海明为"高科技英雄"(High-Tech Hero)。

张海明1972年考入华南工学院无机化工系，1978年继续攻读研究生，成为"文革"后国家首批陶瓷工程研究生。90年代开始，亚洲经济处于腾飞之际，纷纷引进西方先进技术和生产线，张海明抓住商机，一口气承接和完成了多个难度极高的整厂输出技术项目，赚取了"第一桶金"。张海明带领AEM集团冲破了重重困难，完成了创业之初的蜕变。有人说，AEM公司的成长有很大一部分都取决于机遇，但是，张海明坦言，在美国，机遇和挑战同时在创业者面前，很多家大型公司的总部聚集在美国，占据了大部分的市场份额，但是同时最先进的技术和发展环境也在美国，面对可能会突如其来的变化，最重要的就是如何去抉择。

在美国著名的*Inc*杂志公布一年一度"全美成长最快的私营企业500家"名录时，AEM公司三度获此殊荣，也是中国旅美学人创办企业中唯一获此殊荣者。1995年1月，AEM收编了美国专用设备制造厂Wallace Technical Ceramics(WTC)公司，获得全套技术、设备和人才团队。同年3月，又闪电般地收购了飞利浦和Copal合资经营了二十多年的Mepcopal航太电源保护方案解决公司。之后，AEM用三年的时间完成了从一个工程技术公司向制造业公司的转型。公司迅速收拢、整组、建立起生产陶瓷电子元器件产业的核心技术平台，其平台横跨材料、工艺、专用设备制造和计算机模拟技术。

张海明的名字先后被载入美国工程和管理各类名人录。在中国进入世界贸易组织WTO的同时，张海明携带全球品牌的声誉、专有专利技术、中西合璧的团队、全球500强的合作伙伴、市场行销渠道，以及大笔资金，到苏州工业园区二次创业，为用于千家万户的消费性电子、通讯类电子产品提供"贴芯保护"。AEM科技公司在张海明的领导下在 1997 年发明 SolidMatrix 片式熔断器新技术，于 2004 年在中国投产后，快速取代爱迪生发明的传统保险丝，成为全球电子设备制造行业的新标准，一跃而成为亚洲第一、全球第二大片式熔断器生产厂商。

提到回国第二次创业，张海明说："成功的第一要素是，我们已经拥有一个中西合璧的精英管理团队，有美国第一次创业成功的经验与教训，我们选对了苏州工业园区这块风水宝地。我们不是只来了我一个海归，而是一个团队。"张海明表示，在美国科技业获得成功之后，回国再次创业无疑是实现了美国梦之后的另一次挑战，他要将 AEM 科技打造成一个民族品牌。

张海明说，出国期间他十分感谢恩师以及学校的教育和鼓励。张海明多次表示，他的创业精神和动力来自于父辈的希望、同辈的理想。他的事业根基源自于许多师长的培育，华南理工养成了他博学的习惯、严谨的思维、务实的作风和坚强的体魄，这成为他一生的财富。

每一位校友都是学校最鲜活的名片，人们从校友的身上，不仅直观看到一所大学人才培养的成果，更可以识别出这所学校的独特气质和精神力量。一日华南理工人，一生华南理工人，华南理工大学精神潜移默化、长远持久地影响着他们，助其在所在领域取得杰出的成就，为世人所知所识。

第三节
白手起家有方圆　聚沙成塔成佳话

许多华南理工大学毕业生刚离开大学的时候，往往是穷学生，身无分文。但学校把智慧和技术教给他们，穷学生们依靠超强的规划能力，白手起家，做成了大事业。这些故事，多年后依然为人们所津津乐道，成为坊间佳话。

一个成功的企业家之所以有别于个体经营者，关键在于具有超前的意识和战略思维，懂得与时俱进规划和布局，当企业遇到发展瓶颈时，能迅速转变思维运用资源与资本，调整经营模式，从而实现突破，使得企业也进入资本运作和传统经营并行的良性发展循环。

面临大环境，所有的企业都在经历一场关于资本的洗礼，随着互联网技术的加入，也让这个生态更加丰富，在渠道、产品、数据、技术等多个维度进行竞争，最终导向市场的竞争。

在这样的时代背景下，如果只有 100 元的起步资金，能做成什么生意？简伟文用100元创办工厂起家，聚沙成塔到身家近10亿元。1983年，简伟文取得了华南工学院工学压力加工专业学士学位，之后便进入广东机械研究所，成为一名助理工程师。1985年，再次回到母校攻读硕士，1988年毕业后，到东莞帮助一间港资企业创办养殖场。

1990年，简伟文拿到了一份"空白合约"。这份合约基于对简伟文的信任，没有写具体金额。但约定他必须在45天内支付13副模具。

简伟文倾尽全部身家100元，买了相关用具，开始设计模具。在加工时，却在装配环节上卡壳了。后来，他找到华南理工大学的老师，在老师的帮助下，租借了实习车间作为场地，找朋友利用业余时间来帮忙。就这样，简伟文把第一笔生意做成了。"空白合约填的金额是3.5万元，最后总共赚了1万元，这是第一桶金。"简伟文说。

在模具行业赚了第一桶金后，简伟文开始筹划开辟自己的生意领地。一次偶然的机会，简伟文通过广东轻工进出口公司得知，一家美国经销电饭煲的商家正想在广东发展第二家供货商。简伟文发现了这一商机，他判断生产电饭煲没有什么技术难度，但相对模具而言颇有盈利空间。简伟文开始进入家电行业，创立了伊立浦。经过15年的发展，伊立浦最终在中小板上市。简伟文的身家也跃升到了近10亿元。

电影《阿甘正传》里将生活比喻为一盒巧克力，你不打开的话，永远都不知道是什么味道，你要是真的喜欢吃，那就要打开它，去品尝它。70后的叶帆也是用极具前瞻性的目光审视着国家和社会发展历程，打开生活这盒巧克力，走在时代前列。

1993年毕业于华南理工大学无机材料专业的叶帆敢想敢做，敢于寻找自我，实现自我。他大胆从公司辞职，转行卖汽车，10万起家创立大东实业。叶帆从1999年开始在东莞投资经营品牌汽车4S店业务，相继创办了雷克萨斯、广汽丰田、广州本田、一汽丰田、北京现代、长安福特、南京菲亚特等汽车4S销售店，另外厦门雷克萨斯和北京一汽丰田的4S店也于2008年开业。2007年初，由叶帆控股投资的东莞市大东实业投资有限公司正式成立，公司下设相关的管理职能部门，将现有的业务整合，并以集团公司的形式进行经营。

他觉得自己在管理方面有天分，在学生时代就比较善于管理团队。"大部分的学生看问题，就像站在马路上看，看到的是人来人往，并不能看清方向，但是你爬到一栋楼的楼顶上，从天台上看，就能把整个方向看清楚，再下来走路的时候，你的方向感就会很强。做个管理者，是从高处看世界，这样才能够看到全局，思维角度就会和别人不一样。"

叶帆毕业后进了一个大的国有公司，整个公司60多个人，只有他一个大学生，他从在办公室端茶倒水做起，干最底层的工作。叶帆觉得在智力上，大家都完全平等，这世界上没有特别聪明也没有特别傻的人，自己也没什么特别。

叶帆坦言，自己在读书时以及刚刚大学毕业的时候，整个商业环境大家都看不清楚，自己心里也很茫然，根本就无法想到有一天他会管理一个有1000多名员工的集团，能创造一年几十个亿的营业额。当时的社会，做老板的很多都是高中生、初中生甚至是农民，但是他没有一点心理不平衡，他觉得自己只是比别人多读了几年书而已，没什么别的值得骄傲的。

"很多大学生刚从大学毕业出来都觉得，我读了这么多年书，我是硕士、博士，就应该坐在老总的位子上，那都是错的。当你的能力没有得到社会认可的时候，对不起，你的文凭没有意义，你就是要从底层开始做起。"做了半年的办公室工作之后，叶帆就到集团下面的汽车公司做销售员，三个月就做到销售经理，半年后就当了总经理，过了两年，叶帆觉得汽车销售是个机会，当时他对汽车市场和整个产业链有了一定的把握，学到了要学的东西，于是拿着10万块钱出来创业。

华南理工工科的专业背景和实际工作中的营销工作是不一样的，叶帆认为，进入大学读书是老师给了你一把钥匙，并不是学外语的一定要去做翻译，学建筑的一定要去做设计师，他认为自己水泥方向的专业很好，房地产非常旺盛之时，如果有一家水泥厂的话，甚至比他做这个行业更有市场。但是叶帆从小就喜欢汽车，他说："进任何一个行业之前都要问自己是不是热爱它，因为你不仅仅是为了赚钱去做的，而是为了梦想。在你考虑做一份工作时，要考虑两点：第一，你是不是热爱这个行业；第二，你是不是觉得你能够'专'得下去，能够做好。"

"并不一定是你成为一个大老板或是一个有钱人，而是你的工作会不会让自己觉得满意，哪怕我只是一个销售员，我要问自己是不是这个世界上最好的销售员。"叶帆做这个行业，是因为喜欢。"我当初报华南理工的时候，我没有填报汽车专业，如果我报的是汽车专业，那我现在可能就会是一个汽车生产厂的厂长。其实人生真的是充满变数的。"

1977年，22岁的袁金钰考入了华南工学院。那时高考刚恢复，全国共有570多万人报名参加了考试。一心想学技术的袁金钰第一志愿报考了华南工学院。准备充分的他自信地走进考场，提前半个小时就做好了试卷，最终在全公社400多名考生中脱颖而出，被华南工学院铸造专业录取。

那时候，袁金钰梦想着在大学里掌握专业的技术，毕业后进入大城市最好的工厂工作。

三十年后，袁金钰创立的顺络电子在深圳成功上市。这个时候，袁金钰心里计划的，是要将公司产品做到全球第一。

从梦想着做一名优秀工程师的大学生，到执掌上市公司和多家企业的董事长；从在国有企业工作历练，到自主创业摸爬滚打。三十多年里，袁金钰不断实现自己的人生目标，人生舞台也越来越宽广。每次总结成功的因素，他总说得益于自己高考进入了华南工学院，并且在大学期间早早完成了自己的职业和人生规划。

"母校的四年，还教给我一个特别重要的理念，就是超前规划自己的人生和职业，这也为我后来的事业取得较好的成就奠定了基础。"进入大学的第二年，袁金钰得知国家准备设置深圳经济特区，嗅觉敏锐的他为这个消息激动不已："我家里有亲戚在香港，那几年他们回来办了一些企业，我和他们有接触。所以我比较了解深圳特区的定位，就是依靠香港的资金、技术、人才来带动内地发展。"

大二的时候，袁金钰给自己定下了目标——去深圳工作。从那之后，他在完成专业课程之外，重点去学习经济、外文、管理方面的知识，为未来的职业生涯做足了准备。

1982年，袁金钰进入深圳市汽车工业总公司工作；1993年，受三九集团的邀请，筹建了深圳市三九机电设备有限公司并担任总经理；2000年，创立深圳顺络电子有限公司，担任董事长职务。

袁金钰认识到，客户是企业最好的老师，他根据市场情况确定了外销策略，使企业明确了发展目标，渐渐形成了尊重客户、服务客户、争取客户的意识。2001年，美国戴尔电脑公司有意下订单，但对顺络还不是很了解，在电子邮件中提到希望在美国会面。当时企业刚刚起步，资金并不充裕，但公司毫不犹豫地派代表飞赴美国，与对方会面并展示产品。当时正是9月18日，纽约世贸大厦的遗址还冒着浓浓的黑烟，顺络代表的出现让客户非常感动，同时产品的性能价格均让对方满意，最后双方签订了长期供货合同。

袁金钰没有电子行业背景，他大胆放权给职业经理人。袁金钰把自己的管理风格描述为"甩手掌柜"，工作中，他总是举重若轻，在谈论工作时，他也不打断其他人的话，总是认真聆听，不时频频点头。

"我不介入细节管理，这是几位经理的工作。要是我管多了，企业肯定乱了。"袁金钰风趣地说。他把主要精力放在企业的战略规划、投资决策等方面。

寻找自己擅长的领域，如同寻找人生方向一样，并不是一件简单容易、一蹴而就的事情,需要付出极为艰辛的努力。

史铁生曾说过:虽然每一个音符都会过去,但因为有这一个个的音符正在过去,所以乐章就不会停止。到某一天,曾经的歌声和喧嚣的噪音都将在时光中喑哑,所有的气味也将隐退在我们称之为"历史"的庞大身躯背后。

当人们看着时代遥远的印迹,就像阅读历史一样品鉴当代。但是,乐章不会因此而停止,正如草原不会因为一朵花的凋谢而枯槁。在我们之后,仍有灿烂的笑脸,有蓬勃的生趣,有深邃的思想。

一个又一个平凡而又崇高的校友身上发生的感人故事,将成为华南理工人心中永远不会消逝、湮灭的风景。当凝神回望之际,那激荡心绪的,不仅是一种铿锵有力、掷地有声的刚毅,也是一种触动人心、感人肺腑的温暖;不仅是一句激昂有力的话语,更是一种求实奋进的精神。这种温暖力量、精神启迪,将激励一代又一代的华南理工人,继续铺就光辉灿烂的道路,并一直迈向远方。

俯瞰五山校区

他们撑起了民族工业的脊梁，敢于挑战尖端技术，冲击国际老牌厂商的垄断地位。他们奔着一个最为远大的使命，那就是爱国、报国、强国，天下为先。

第七章
科技兴邦　强我中华

2001年，与日本企业洽谈多联式中央空调受挫的事实，让朱江洪意识到，即使你拥有再多的资金，有些东西却不是钱能买到的。为此，他下了决心：外国人不卖，我们自己做！

没过多久，这家中国企业自主研发的多联式空调技术诞生了。据媒体报道，整个科研过程只花费了数百万元的经费。这家中国企业就是后来全世界销量最大的空调厂商——格力电器。

对于无数创业的华南理工校友来说，发生在朱江洪身上的这件事只是他们作为一个集体的缩影。在过去的几十年中，为了研发自主技术，创立国产品牌，他们中的许多人都经历过类似的挑战与沉浮，由失败到成功，由受制于人到扬眉吐气，由孤独前行到引领业界。

二十世纪八九十年代，得益于改革开放给中国生活带来的改变，中国人的日常生活需求开始增多，许多商业概念和商品由国外引进。对于这些新产品，中国人起初并不熟悉，更不了解它们的设计和生产流程，导致外国企业一度长期垄断这些产品的经营。曾几何时，进口的比国产的好，原装的比组装的好，成为一种相当普遍的国民心态。

老百姓虽然用着洋人的东西，心里却始终保留着对中国企业和本土产品的期待和盼望。他们期待着能有国产品牌奋起直追，勇于去改变这种现状。在科技时代，任何新产品都源于科技的进步。要在研发新产品方面培养人才，理工类大学便肩负起义不容辞的历史责任，特别是像华南理工大学这样的学府，一方面有着优秀的科技人才培养传统，另一方面地处广东，拥有在第一时间接触新事物的便利条件。

于是，志存高远、实干兴邦的责任在华园中应运而生。在国产品牌和中国技术的崛起之路上，有一群华南理工人充当着中流砥柱。他们发挥学校和地域优势，发挥自己的过人才智，一马当先，当仁不让。格力空调、珠江啤酒、东鹏陶瓷、鲁班建筑、雷曼光电、威创视讯……一串串响当当的中国品牌背后是一群华南理工企业家校友：朱江洪、方贵权、何新明、李国雄、李漫铁、何正宇……

这些人不约而同地拿出同心同德的气魄，共同致力于改变中国人的生活，改变世界对中国的看法。他们在创业历练中，与中国科技和中国品牌一同成长，一同见证属于中华民族的行业盛世。

第一节
铭记校史图报国　烽火史迹常在心

为民族培养人才，爱国、报国、强国，对于中国的每一所学府来说都是一种历史责任。由于华南理工大学特有的地缘和历史，无论是校史本身，还是与这些历史相关的人文史迹，都让这种历史责任在华园中铭刻上了属于它自己的意义。从20世纪30年代修建石牌校区起，学校和它培养的学生就一直在这片土地上为民族的独立和昌盛奋斗不息。

清末，现代化革新兴起，广东和广州成为自由、开放和民主革命的先行之地，在这片由孙中山和邹鲁等人筹划兴建起来的石牌校区里，承载着许多遗留自革命年代和战争年代的烽火史迹，它们既是当年办学者发展教育、实业救国心路历程的写照，更是国人抗敌御侮、追求民族独立与自由的历史见证。

1925年秋，国立广东大学成立了工科筹备委员会，陆续聘请肖冠英、桂铭敬、李敦化等19人为委员，肖冠英为主任。该筹委会一年内召开多次会议，研究工科教育的筹备，各项事宜大致就绪。此后，国立广东大学改名国立中山大学，吸收了广东公立工业专门学校作为工业专门部，再一次增强了学校在工科方面的实力。

1932年，邹鲁再任国立中山大学校长，继续坚持自己的主张。他认为，无论从抗击敌人侵略还是从发展社会经济的角度来说，都很有必要开展专门的工学教育，培养相关的高层次人才。

华南理工大学5号楼，是校园中最具历史、最有纪念意义的建筑之一。它坐北向南，位于校园中轴线之东侧，原为国立中山大学"文学院"所在。这座建筑是当时石牌校区中典型的红墙绿瓦风格，由岭南著名建筑师郑校之设计，1934年10月动工，次年11月修竣。

这栋楼的建筑形制，体现了20世纪30年代岭南建筑流派的现代风格，也是华园土地上的师生坚决抗击侵略者的决心和报效祖国精神的重要见证者。

1937年7月，日本侵略者制造了"卢沟桥事变"，全面抗战爆发。为配合和加强抗战教育，增加抗战相关的科学知识，提高相关的技能，国立中山大学各学院调整了教学计划，部分原有课程暂时停开或减少课时，增开军工、机械、化学等与抗战有关的课程。

此时，作为华南理工大学渊源之一的中山大学工学院各系响应国家和学校的号召，增开多门实用性课程，服务国家需要。例如，机工系开设了"兵器修理及配件制造"课程，电工系开设了"汽车驾驶及修理法"课程，土木系开设了"军用土木工程"课程。为了应对侵华日军公然对我国军民使用毒气等非常规武器，化工系还专门开设了"防毒知识及技能"课程，对全校师生进行防毒技能的训练。

抗战爆发后，5号楼历经风霜，见证了战争和革命风云。1938年10月广州沦陷以前，这里是爱国学生抗日救亡活动基地；广州沦陷以后，侵略者瞄上了石牌校区这块象征教育与文明的土地，为了服务他们在文化上征服中国的野心，侵华日军驻广州第21军和第23军先后将司令部设在5号楼。

至今，我们仍能从历史资料中找到当时日军司令部宪兵在5号楼2楼阳台上巡逻的照片，这只是华园遭受侵略者摧残的众多伤痕中的一道。在石牌校区的早期规划中，曾想在5号楼西侧建一座中山纪念堂，但是时代的动荡和外敌入侵打乱了这一修建计划。后来，学校在这里建了一组四面合围的建筑群，就是现在华南理工大学的1~4号楼。其中，2号楼前的东侧有一座早已废弃不用的游泳池。据史料所载，这个游泳池曾供当时的日寇享用，直至战争结束。

这些史迹的每一块砖瓦，都是一段不可忘却的耻辱记忆。然而，宁折不弯的华园师生岂能被侵略者征服。他们坚决不放弃希望和抗争，在侵略者铁蹄的统治下步履维艰地生存了下来，终于等来了1945年日本无条件投降。那一刻，5号楼再次成为万众目光的焦点，它一雪前耻，成为驻华南日军接受中国军队促降令的初始地。1949年广州解放前夕，它的使命依然在继续。这一次，它是进步师生反饥饿、反内战、反迫害斗争的策源地，是筹划广东省与广州市人民新政权的秘密工作地之一。

2015年，5号楼的红墙绿瓦虽几经岁月侵蚀，又几经翻新，依然静静地伫立在山冈上，显得光明而祥和、厚重而大气。

除了5号楼，这片土地上还有许多历史悠久的烽火史迹：

这里有当年国立中山大学为校园用电而建的发电所，是一座典型的现代建筑。新中国成立前夕，发电所是师生与国民党反动派进行斗争的一个重要场所，它见证了学校冲破黑暗、走向光明的历程。

这里曾是一座有光荣战史的军营，石牌校区是清末大败法国侵略军的刘永福黑旗军的驻地。1937年，为纪念刘永福的爱国壮举，国民政府湖南省主席何云樵捐资千元，在今华南理工大学五山校区北区修建了刘义亭，如今也成了学子们读书畅谈的好去处。

这里还有历史悠久的青砖堡，坐落在校内贺兰山之上。该堡建于何时已难以考据，有民间传说说它是民众为抵御盗匪、守望相助、保乡安民而筑。1949年，广州解放，碉堡与其他防御工事一起归为学校的一角。

位于学生宿舍区的青砖堡曾为清末爱国将领刘永福黑旗军的驻地。学校将其辟为校园人文景观,以勉励学子勿忘历史,立志修身,博学报国

2002年,华南理工大学在贺兰山上兴建新的学生宿舍,青砖堡被有意保留,并让学生宿舍楼环堡而建,同时将其辟为校园人文景观,以勉励学子勿忘历史,立志修身,博学报国。机缘巧合的是,恰有一颗种子在碉堡中的土壤里生根发芽,逐渐长成了一棵大树,成为校园中的一项奇观,引得不少来校内游玩、参观的客人特意来此拍照留念。青砖堡不仅是一道亮丽的风景,也以一种特别的方式将厚重的历史铭刻在华园中。

校园中的烽火史迹是校史与师生爱国精神的一个缩影。改革开放以后,在新的历史条件下,师生爱国报国的方式也发生了变化,从动荡年代投身战火、投身革命,变为和平年代发奋图强、实业报国。

大学是传授知识与科技的地方,而知识与科技是发展图强的原动力。在这方面,华南理工人利用自己在理工科方面的特长,为国家建设作出了特有的贡献。他们既在工程方面为国家出谋划策,在企业方面又显示出商业天分,为国家和人民创造财富。

在有关华南理工大学校友、广州鲁班建筑集团董事长李国雄的报道中,经常看到类似这样的表述:"从进入华南理工大学学习建筑专业开始直到今天,李国雄一直行走在建筑界中,挑战建筑业的世界难题、专治建筑物的疑难杂症——房屋纠偏。"

房屋纠偏专家——这几乎成了世人对李国雄的普遍印象，但这并不是全部的他。或许是阳春大酒店平移、梧州副楼港平移这样的工程太受到世人关注，许多人并不知道，他在建筑界的成功之战是在祖国的南疆打响的，那是一场永兴岛上的国防建设之战，当时他才刚刚毕业，是个初出茅庐的小伙子。

1988年前后，南海局势紧张。为了建设国防设施，震慑对我国领土有不轨企图的国家，亟须在三亚机场和南沙群岛之间建一个中转机场。永兴岛地理位置优越，是西沙群岛最大的岛屿，是一个合适的选择。经过三年施工，工程大部分已完成，但修建水库这一关键设施时，却屡屡失败。

永兴岛由珊瑚礁石组成，建造环境极为困难，不仅要解决地下水库与海水相连的问题，还要解决水库建成后防止海水渗透的问题。这里不像大陆，没有不透水层，向下挖半米是海水，向下挖500米还是海水。当时，已有一批精英专家前去研究解决，但历经两年仍束手无策。

国防军情迫在眉睫，该工程被要求在1991年4月份必须建成。这个任务摆在了国防部西沙工程指挥部主任古建国面前。古建国也是华南理工大学的老校友，1958年从学校毕业后加入了海军。军令如山，没有任何延期的余地，面对如此重大而棘手的工程任务，古建国自然而然地想起了自己的母校。他知道，以工科见长的母校是华南地区的工程科研重镇，里面高手云集，一定有人可以想出解决问题的办法。

1991年春节，古建国回到母校寻求智囊，见到了当时的建筑工程系主任吴仁培教授。吴仁培果然给了他一个主意：原思路行不通，可以逆向思维，把坑重新填回去。吴仁培指着桌上的烟灰缸示意说："原思路就像在挖烟灰缸，我们为何不先做一个烟灰缸，然后开挖呢？"说罢，他还推荐自己的得意弟子李国雄去实施这个想法。

李国雄回忆道："有了老师的推荐，作为母校的师兄弟，古师兄也认可了我的实力。"

深孚众望的李国雄立刻走马上任，但是第一次上岛却以失败告终，师兄弟之间也发生了激烈的争论。最终胳膊拧不过大腿，李国雄被迫签下军令状："再试失败的话，就'退位让贤'。但人留岛上，协助后续队伍，直至任务完成。"不仅如此，古建国还要求工程造价再降低10%。直到这时，李国雄才知道，在这场工程难题接力赛中，上一棒竟然是中国建设局的一位总工程师，他已在这个孤独的海岛上待了三年。

改变了工艺，李国雄果然言出必行，成功建成水库。在老师和师兄的支持下，初出茅庐的李国雄完成了不可能完成的任务。解决掉这个全国性难题后，工程界都称赞他"一出山就在永兴岛上放了一颗原子弹"。

这颗"原子弹"不仅让同行和母校师生对李国雄刮目相看，而且助力国防战略，对窥伺我国疆土的国家起到了震慑作用。从古建国到吴培仁，再到李国雄，新老华南理工人联袂为国效力，用知识和智慧捍卫了祖国的海疆。

十年之后，一个很偶然的机会。李国雄去汕头出差，他所乘火车的软卧间除了他，只有一个老人。两人攀谈起来，原来颇有渊源，老人当时正好审查过李国雄的水库方案。从老人的口中，李国雄才知道，古建国校友当时刚刚丧偶，丧事都未操办。他忍着悲痛完成任务后，直接办理了退休手续。

闻听此言，李国雄心中最后的一丝芥蒂也烟消云散，只剩下满腔的敬佩："才知道谁是最可爱的人"！

永兴岛一战，给了李国雄信心和胆识，决心从此在建筑行业里一展宏图。母校教会了李国雄低调务实的精神，他常称自己是"爱第一个吃螃蟹的人"。别人都不敢吃"平移"这只螃蟹，将其看成不可能完成的任务，他却默默地坚持尝试。

自1991年李国雄主持了江门市一个别墅群的纠偏工程施工之后，李国雄的公司的房屋纠偏业务就从未间断过。直到1995年，广州建造地铁一号线，从华贵路转入中山七路时，地铁路线无法绕过楼房，隧道开挖会拦腰搅碎楼房的桩基，楼房将会成"空中楼阁"。广州市地铁总公司经过科学及经济的分析后决定：居民不拆迁，地铁从楼房下穿过。解决办法是桩基托换，即：将旧桩锯断，另设新桩，房子的重量从旧桩转换到远离地铁线的新桩上，而且，施工期间居民还要能正常生活。

这在当时是一项绝无仅有的高难度、高风险工程，但李国雄完成了这个工程。

李国雄（右）带领鲁班公司创造了吉尼斯世界纪录

如今，一号线已经在广州正常运营十多年。由于在房屋平移方面积累的经验越来越多，李国雄开始成为行业里数一数二的平移专家。从阳春大酒店平移，到广州市锦纶会馆整体平移，再到广西梧州市十层福港楼平移工程，李国雄登上了英国吉尼斯世界纪录的领奖台，成为名副其实的"中华平移第一人"。

母校的帮助让李国雄一直念念不忘。20世纪90年代，他就在华南理工大学设立了鲁班奖学金。近年，他又继续设立鲁班奖学金，设立实习基地，以帮助有需要的学弟学妹。

他用亲身经历告诉广大的师弟师妹：在校之时，要秉承"博学慎思、明辨笃行"的校训，文理兼通，做一个复合型优秀人才。但这只是万里长征第一步，出校之后还要自强不息，坚持终身学习，最终将所学应用在国家建设中，报效母校，报效祖国，才能真正无愧于"华南理工人"的美名。

纵观诸多华南理工大学企业家校友的创业故事，许多人都与李国雄类似，在成为优秀的企业家之前，首先是一个优秀的工程师。他们不仅通过企业为国家创造经济价值，也利用自己的工程师智慧为国家创造科技价值。2014年12月26日，李国雄受聘为华南理工大学兼职教授。在受聘仪式现场，他为现场师生做了一场精彩的学术报告，他说："面对无先例可循的问题，有两类工程师，一类是拍屁股走人，另外一类工程师就挺身而出，接受挑战，坚决干下去。我认为优秀工程师和非优秀工程师的分界线就在这里。"

第二节
核心技术不求人　自主研发腰杆直

2013年，在首届广东"珠江天使杯"科技创新创业大赛总决赛上，华南理工大学化学与化工学院钟振声教授Vita Fiber重大产业化项目获得了这样的评价："拥有世界领先的垄断技术、独家产品、国际品牌、跨越发达国家市场准入门槛、大批量出口欧美国家、连续三年年均400%的业绩增长率。"

在学校支持下，华南理工大学化学与化工学院钟振声教授为首的科技开发团队在自身科研实力的基础上引入社会资本，于2007年在华南理工大学国家大学科技园注册成立广州华汇生物实业有限公司，将多项国际专利技术成功转化为生产力，生产出具有国际领先水平的Vita Fiber新型产品。

这仅仅是华南理工大学在研发专利技术、响应国家创新驱动号召方面的一个小插曲。经过六十多年的建设,学校一方面发展多学科教育,提升综合实力;一方面在其擅长的理工科领域不断取得新的科研、教学成果。如今,华南理工大学的专利数量大、专利成果转化率高已经成为有目共睹的事实。早在 1997 年,学校就是广东第一个获得国家专利金奖的单位;到了 2014 年,再获专利金奖 1 项,优秀奖 2 项。在《2015 中国大学评价》中,华南理工大学的专利技术转让指标排名全国高校第一,并同时以 22 项专利奖的数量在全国高校专利奖排行榜中排名第二。根据广州市知识产权局公布的数据,2014 年华南理工大学的专利申请量、授权量和发明授权量在全市大专院校中占的比例都超过了四成。这些数据都说明,学校在本地乃至全国的自主专利技术研发中有着举足轻重的地位。

专利技术研发方面的优势不仅体现了大学雄厚的科研实力,也为毕业生创业提供了良好的平台和基础。身处后工业时代,科技创新和专利技术是大部分企业发展的核心因素。华南理工人开创的企业继承了母校在这方面的优秀基因,许多校友企业不但拥有全国乃至世界领先的专业技术,而且在与国外企业的激烈竞争中知难而上,开发出属于中国人自己的核心技术,为增强区域经济和我国的综合国力贡献了支柱性的力量。

在研发属于自己的核心技术的创业道路上,华南理工大学培养的企业家谨记建校初衷,在校时刻苦学习,离校后不惧风雨。他们不仅是企业管理者,同时受过相关专业的高等教育,深谙科研真理,相对于大多数竞争者来说有着特殊的优势,是真正的行内人。他们以扎实的科研实力、自强的团队和多年打拼所获得的宝贵经验为基础,为中国企业走上自力更生之路起到了模范带头作用。

"一个没有脊梁的人永远挺不起腰,一个没有核心技术的企业永远没有脊梁。"朱江洪的这句名言,道出了国产品牌在发展过程中的关键因素:能否开发自己的核心技术,决定着能否摆脱他国技术垄断的制约,决定着国产品牌能否自力更生。

今天,一种被称为"一拖多"的多联式空调技术是国内空调业经常使用的必备核心技术。科技的高速发展,让这种技术已经具备了"一拖百"的联机能力。然而许多人不知道的是,仅仅在 15 年前,中国企业还不具备生产这种设备的可能,甚至连"一拖四",都要求助于外国企业。

美国和日本是空调产业的大户,凭借起步早、资金雄厚的优势,占据着国际空调市场的技术垄断地位。1970 年,刚刚毕业于华南工学院的朱江洪被分配到广西百色矿山机械厂工作,当时他并不知道,自己会在奋斗三十余年后,创立一家名为格力空调的知名企业,而他则将带领这家企业的团队去打破日本人在多联式空调技术方面的垄断,让中国空调企业挺直了腰板。

事情的缘起是 2001 年，重庆一家大型外资企业公开招标，想要购买"一拖四"中央空调，然而国内当时没有一家企业具备生产这种多联式中央空调的技术和能力。在朱江洪的带领下，格力电器的高管团队远赴日本，他们准备了上亿元的资金，找到一家平时与格力合作良好的日本企业，希望购买这种技术，即使对方不愿出售，也希望把散件买回国，好进行组装。

没有想到，日本企业直接泼了朱江洪一盆冷水。得到的答复是斩钉截铁的：别说技术，连散件都不卖。对方表示，自己用了十年多时间才研制出来的核心技术，绝对不会转让给任何一家中国企业。

从日本碰壁回来后，朱江洪认识到了核心技术对于一家企业的重要性。他告诫自己，核心的技术，一定要自力更生，也只能自力更生。他带领格力人，在不到两年的时间内，在没有任何技术支持和图纸的情况下，以极低的成本开发出了日本人不肯卖给中国人的技术。格力得到了"一拖四"的突破，后来是"一拖六""一拖八"，直到"一拖百"……

值得一提的是，在格力自主开发出核心技术后，戏剧性的一幕发生了：先后有几家日本企业来到格力考察，恳请并购合作。这一次，坚持"拒绝"态度的是朱江洪。在此后的几年中，他带领格力迅速发展为国际空调产业的领先企业之一。当朱江洪再次选择与日方合作时，合作方是有 80 多年历史的日本空调巨头：大金空调。后来，格力和大金合作生产的空调返销日本，以质量取胜，与日本本土生产、销售的空调相比，返修率更低，赢得了日本消费者的认可。

最令世界惊讶的是，在 2009 年关于控股权的合作谈判中，格力电器依靠强大的底气，与大金空调达成了协议：格力控股 51%，大金控股 49%。这 2% 的股权差异，在数字上看似微小，在股份制的商业体系中却是天差地别，51% 意味着格力是第一大股东，拥有绝对股权，对企业有决定权。

这一局面令日本媒体大跌眼镜，无言以对。他们没有想到，就是这个八年前被他们拒绝的中国企业，能够依靠自己的力量发展得如此迅速，其实力与决心令生意伙伴尊敬，令旁人称道，令对手畏惧。

然而，对于朱江洪来说，他觉得自己的使命还远未完成。他希望的不仅是格力的进步，而且是中国品牌的整体前进。他谦虚地认为，包括格力在内，中国还没有一个世界性的一流品牌，不少中国消费者只能买外国二三流的品牌，导致大量财富外流。作为一名广东的大学培养出来的天之骄子，朱江洪希望在广东这个世界工厂里，尽快培育一批世界品牌。

格力电器官方网站上写着"格力——掌握核心科技"。回首朱江洪的科技人生，始于华南理工，盛于格力电器。"厚德尚学，自强不息，务实创新，追求卓越"，他用自己的亲身经历，生动地诠释了华南理工大学精神，带领格力完成了掌握核心科技、为中国争光的使命。

在培养企业家方面，华南理工大学在珠江三角洲乃至整个南中国所起到的作用是至关重要的，特别是珠三角地区，无论基层队伍还是企业领导层，毕业于华南理工大学的新老校友都在充当主力军。民间流传着一种说法，说珠三角地区60%的企业老总都来自华南理工大学。在不断变化、企业林立的珠三角，或许很难用精确的数字来检验这种说法，但它至少从一个侧面反映出民间对于华南理工大学校友在这方面所取得的业绩的肯定。

华南理工大学校友在珠三角地区开办的校友企业不仅数量多、规模大，而且许多企业都拥有自己的核心技术和品牌。从日常用品、电器再到食品，这些核心技术对地区经济的发展和人民生活的改善起到了显著作用。正如前文提到的中央空调技术一样，今天我们日常生活中用到的许多科技和产品，看似简单，在十年、二十年、三十年前却都是技术难题，正是许多像朱江洪那样有能力、有决心的有识之士攻破了这些难题。

又如，如今在便利店都能随意买到的纯生啤酒，在三十年前曾经是国产啤酒厂商无法生产的新奇玩意儿。当时的人们曾经热切地期待着：以中华民族的智慧、底气和改变命运的能力，一定会有一个中国人站出来，改变这种现状。

这个人从华南理工大学的校园中走了出来。他名叫方贵权，是中国啤酒工业发展历史中至关重要的人物。值得一提的是，方贵权是广东人，在华南理工大学接受了高等教育，最后在广东带领本地的啤酒企业，成为全国行业的先行者。这样的典型事例从一个侧面反映出了华南理工大学作为人才输送的摇篮，对于广东经济和国家经济的重要性。

方贵权的事业与他所学的微生物工程专业非常对口，让他如鱼得水。他从事啤酒酿造技术和企业管理近三十年，主持开发了国内首创的珠江纯生啤酒和白啤酒，积极参与我国啤酒行业的各项活动，为啤酒行业献计献策，参与制订啤酒工业的发展规划和行业技术标准，是啤酒行业享有较高权威的资深专家。

1984年，广州珠江啤酒厂如饥似渴地四处网罗人才，将华南理工大学毕业的方贵权纳入旗下，让方贵权所学的专业在"珠啤"有了广阔的施展舞台。当时，珠江啤酒厂一切都从零开始。车间厂房的图纸设计、设备的调试、管道的安装，方贵权都一一参与。对未来充满憧憬的他，身上似乎有着用不完的激情，再苦再累的活他都不怕，一步一个脚印地从基层做起。人一旦有了施展才华的舞台，潜能的发挥则难以估量。凭着对啤酒酿造技术的刻苦钻研，方贵权迅速成为当时为数不多的"酿酒专家"。

数年后，方贵权拿到了比利时国家奖学金。怀抱着改变中国啤酒酿造技术落后面貌的理想，进入比利时新鲁汶大学深造。在那里，方贵权惊讶地发现，中国啤酒业与世界同行竟有如此大的差距。他翻阅图书馆里所有有关啤酒的外文资料，不断汲取世界一流酿酒技术的养分，渴望有一天结出最饱满的果实。

1992年，在美国芝加哥西伯技术学院接受啤酒酿造技术培训期间，一次偶然的机会，方贵权品尝到了当时在美国市场热销的纯生啤酒。这种啤酒经特殊工艺酿制，无须高温杀菌，保持期能达到熟啤酒的质量标准，而且味道比熟啤酒更香醇，口感更新鲜清爽。这件事让有志于啤酒行业的方贵权大开眼界，也大为惊叹，他暗暗下定决心："我们也要生产自己的纯生啤酒！"

当时的中国国内没有一家啤酒厂敢涉足纯生啤酒的生产，方贵权勇敢地向这一高新技术挑战。很快，风言风语夹杂着冷嘲热讽从四面八方袭来："熟啤酒还未做好，就想做纯生啤酒？别不自量力了。"

外国权威啤酒专家断言，以中国现有的设备条件和管理水平，很难生产出合格的纯生啤酒。纯生啤酒最大的技术难点就是微生物的稳定性，微生物的生长和繁殖受广州闷热潮湿天气制约，做纯生似乎比登天还难。

这样的断言固然有些傲慢，却也有一定的道理，要攻破这些技术难题，对企业、对企业领导和对科研团队的要求都非常高。因此，方贵权在研制纯生啤酒时，饱尝了失败的痛苦。那时候，在他心中一直有一个信念，就是自己在母校学的是这个专业，有牢固的基本功，就一定能行。他带领纯生啤酒攻关小组从纯种发酵工艺研究、有害菌的生长抑制、无菌水的处理到无菌室的设计、空间灭菌、系统清洗灭菌等一系列工艺和生产流程，逐一进行不懈的攻关。

1997年8月，中国的第一瓶纯生啤酒终于在珠江啤酒成功酿出，打破外国专家"中国还不具备生产纯生啤酒的技术和管理条件"的论断，开创了中国瓶装纯生啤酒的先河。从1998年3月开始，珠江纯生啤酒开始大批量投放市场，在很短的时间内就供不应求，为纯生啤酒打开新的局面。1999年珠江纯生啤酒荣获"国家级新产品奖"，2004年获广东省科技进步二等奖。2010年5月7日，科技部"十一五"项目子课题、由珠江啤酒开展的"优质纯生啤酒品质控制体系应用与研究"成功验收，珠江啤酒被确立为中国首个纯生啤酒示范生产基地。在消费者眼中，"珠江纯生"已经成为"纯生啤酒"的代名词，"生啤酒专家"这个称号用在方贵权身上可说是名副其实。

如今，距离方贵权把不可能变成可能，已经过去了快二十个春秋，但他领导下的珠江啤酒没有停止为国争光、领衔产业发展的步伐。2010年9月，珠江啤酒集团首家推出代表当今世界啤酒技术高峰的含酵母的瓶内发酵啤酒——"雪堡白啤酒"，再次以超前创新的姿态填补了我国啤酒产品的空白。这种产品味道醇厚，还富含营养丰富的蛋白质和维生素，具有独一无二的特色。它在中国首次引入了多种独特的发酵工艺，被誉为"离开生产线后仍独具生命"的特色工艺啤酒。

在珠江啤酒铸造中国品牌的过程中，有方贵权自己的奋斗，有企业员工的支持和努力。同时，正是由于方贵权在微生物工程方面的专业素养，让他作为一位企业家，能把技术和管理统筹于一身，为领导整个企业完成使命起到了关键作用。

这一切，都起始于华南理工大学的四年培养，起始于那个还不知道什么是纯生啤酒、却在华园里痴迷于学习微生物的小伙子。对于这一点，方贵权谨记在心。2010年，珠江啤酒成功成为上市企业，方贵权给母校写信，字里行间留下深情的回忆与感激：

"作为一名华南理工大学学子，我要向孕育和培养我成长的母校说一声'谢谢！'在我与珠江啤酒共同成长的过程中，'博学慎思，明辨笃行'深深植根于我的思想，并指导着我的言行，也正是对母校优良校风和治学精神的认同，珠江啤酒在华南理工大学企业文化研究中心的帮助下，提炼出以'新、快、纯、真'为核心价值观的企业文化，指引全体员工形成强大的凝聚力，在激烈的市场竞争中乘风破浪，不断发展。"

第三节
国际市场攻坚战　中国制造唯自强

2008年8月8日，北京奥运会开幕。由华南理工大学校友企业、广东威创视讯科技股份有限公司派出的一位项目负责人整整一天都待在武警上海总队大楼的一间办公室内。他当天只有一项要紧的任务：随时准备为武警上海总队指挥中心的大屏幕显示墙提供维修保障服务。通过这一大屏幕墙，负责奥运会上海安全保障的武警上海总队可以实时监控相关区域的状况。

奥运会安保措施不能有半点差池，为安保系统的大屏幕显示墙组织的招标程序也自然非常严格，但威创视讯通过了这一严格的考验，它的创始人何正宇1982年毕业于华南工学院计算机系。仅仅几年前，何正宇所带领的威创作为一家新兴的公司，还是名不见经传的小企业。到了 2008 年，在经历了激烈市场竞争之后，它成功击败了全球最大的大屏幕显示墙供应商 Barco，拿下了奥运会安保指挥中心这一重要项目。

威创击败了 Barco，不仅意味着国内新兴企业击败了老牌跨国公司，而且在向世界传达一个声音：安保系统选择中国人自己的大屏幕显示墙，证明中国人有能力依靠自主技术做好安保措施，办好奥运会。

随着改革开放临近第四十个年头，越来越多的国产品牌和技术进入成熟阶段，改变我们的生活，丰富我们的生活。另一方面，在经济大发展的历史潮流中，良莠不齐是必然要经历的阵痛。在每一个行业里，固然有负有使命感的精英，但在商品逐利的本性驱使下，也必然出现一些缺乏远见、只求短期利益的厂商，由于只求套现、业务不精，而拉低了行业整体水平。

业内水平参差不齐，国内厂商生产的部分产品为了利润而降低产品质量，导致"中国制造"在某些领域的国际市场上与廉价、低质等词画上了等号。即使一些优秀的国产品牌在技术和质量上达到了国际一流水准，却未必能成为国际一流品牌。

要想在国际市场上获得认可，对中国人来说是一条漫长的道路。需要有不同的社会群体和企业实体共同参与，也需要有充当排头兵的企业。

在这一方面，华南理工大学一直是一个重要的参与群体，而它培养出的许多校友，则正是"中国制造"所需要的排头标兵。前面提到的朱江洪、李国雄、方贵权、何正宇……还有许多数不清的华南理工大学校友，与其他中国工业精英一道，抱着强烈的民族心和敬业心，永远向行业的最前端看齐，努力做出高质量产品，绝不敷衍消费者，用行动捍卫中国工业的荣誉。

"我们要致力于提高中国制造的附加值，提高中国产品的品牌形象，改变西方人对中国制造的看法。"

说出这句话的，是 1990 年毕业于华南理工大学无线电工程系无线电技术专业的李漫铁。李漫铁 2004 年在深圳创立雷曼光电，从此致力于环保低碳的 LED 新兴产业。2015 年，据媒体报道，李漫铁所持雷曼光电的股票价值已超 10 亿美元，跻身亿万富翁行列。

从华南理工大学毕业到现在的二十多年间，他承载了各种各样的职业和身份。他做过技术员、公务员、项目经理、总经理等，在国家机关、民营企业、合资企业中都有过工作经历。无论生活的内容如何变化，他心中的一团创业之火却从未熄灭，而且有着比常人更高的目标：既然在工科见长的名牌大学接受了教育，就坚持将母校所学践行到底,走高新技术产业之路,挑战国际最高水平。

2014年11月,在华南理工大学六十二周年校庆前夕,李漫铁应邀回母校讲座,与师弟师妹们分享了他在华南理工时的求学经历以及毕业后的创业历程。回忆大学四年,他说:"非常有幸来到华南理工大学,在这里学到了很多的东西。"他所说的很多东西,其中之一就是优秀的外语水平。1986年,李漫铁考入华南工学院无线电工程系无线电技术专业,从湖南来到广州,开始了他的大学生活。当时正值大学英语四级标准化考试开始实施,很多高校将四级成绩与学位挂钩。可以说,在大学生重视外语水平的浪潮中,他赶上了首班车。

不管什么新事物,搭上首班车都意味着干劲十足。特别是在华南理工大学,地处广东,为了跟上时代的步伐,学校不仅要求学好外语,而且开设了全英文教学的课程。当时李漫铁所在专业的专业课采用的便是全英文教学模式,老师讲课,黑板上不能有汉字,就连试卷上的考试题也是用英文出的。

李漫铁是首批参加英语四级考试的学生,同时还要应对专业课英语,压力自然不小。然而真金不怕火炼,而且也正是在火炼之后,真金才能显现出与众不同的光彩。大学四年,李漫铁的专业课基础打得很牢,英语能力得到了很好的锻炼。

扎实的专业基础,为他在无线寻呼行业首次创业提供了知识保障;而良好的英语水平,为他二次创业创办的雷曼光电在国际化过程中克服语言障碍提供了有利条件。如今,在与外商、国外合作伙伴谈判、交流过程中,李漫铁基本不需要翻译,特别是谈到技术方面的问题,他更是得心应手。少了翻译这一层媒介,商业洽谈的

华南理工大学除了按照国家要求进行大学英语的教学,还积极开展全英班等进阶培养方式,打造学生的双语能力和国际视野。图为大学英语四、六级考试华南理工大学考场的现场

质量和效率都得到大大提升，这都源于他在母校打下的英语基础。

2004年，李漫铁在经历了创业初期的历练后，于深圳创立雷曼光电科技股份有限公司，进入LED这一战略性新兴行业。七年之后，雷曼光电在深圳证券交易所创业板挂牌上市，成为深圳市LED产业界首家上市企业，同时也是中国LED光电产业界的第二家创业板上市企业。

对于真正的成功，李漫铁有自己的看法。在华南理工大学读书期间，老师不仅教他知识，而且教他做人的道理。他知道，一个成功的企业家，不仅要创造价值，而且要负起社会和民族的责任。企业在创造利润、对股东承担法律责任的同时，还要承担对员工、消费者、社区和环境的责任。

在带领雷曼光电不断发展的过程中，李漫铁也坚持着华南理工人为国家发展作贡献、勇于承担社会责任的优良传统；也正因为如此，他把"关心人，尊重人，培养人，服务顾客，奉献社会"作为雷曼光电的企业价值观。他说："企业也是社会的一分子，我们要在企业内部形成和谐的企业文化，通过公司发展和员工表现去影响和改变周围的人，对社会产生正向作用，为社会作出应有的贡献。"

李漫铁履行社会责任的形式就是为雷曼光电赢得国际市场，以产业报国，改变西方人对中国企业的看法。

李漫铁将形势看得非常清楚：中国制造在促进我国经济发展的同时，也为世界作出了巨大贡献，然而在某些西方人的偏见中，中国制造就是价格低廉、品质低劣、没有技术含量的代名词；另一方面不得不承认的是，近些年来，部分国产商品的品质也的确存在问题，开始为国人所诟病。如何让中国的LED产业在技术水平、产品档次和品牌知名度上跨入世界先进行列？

李漫铁认为，只有坚持创新的高水平，才能在这个新兴产业中站稳脚跟，实现长远发展。为此，他在雷曼光电设立博士工作室，用良好的激励机制和研究环境吸引高端技术人才进行前沿技术研究，还与清华大学、中国地质大学等高校联合开发和研究LED技术，形成了完整的自主知识产权体系。在技术创新的同时，李漫铁还带领公司不断进行管理模式、销售模式创新。

如今，雷曼光电的产品有一半出口，行销全球将近90个国家和地区。短短十年，李漫铁带领雷曼光电取得了一个又一个的骄人成绩：入选人民大会堂LED照明改造项目，国庆六十周年庆典天安门广场、阅兵式中唯一指定的国产LED封装产品，磁冷路灯进驻大亚湾核电站，中标深圳证券交易所新大厦和证券LED显示屏，为美国HBO提供全彩显示屏标志，为美国CNN电视台总部大楼提供LED标志，成为欧洲顶级足球联赛LED球场屏供应商……所有这些就出现在我们的生活中，只是我们或许没有注意到：它们的 LED 供应商是同一家中国企业，一家华南理工大学校友所创办的高新技术企业。

取得了这么多成就，李漫铁依然会不断地审视自己，他经常会问自己这样的问题：作为从华南理工大学中走出去的一名毕业生，创办这家企业，为国家、为社会、为他人带来了什么？他希望所有即将走向工作岗位的华园学子能够经常问问自己这个问题。

在实现自我发展的同时，为社会创造价值，这是每个华园学子义不容辞的责任。当再次回到母校时，李漫铁做了一场题为"业精于勤　行成于思"的精彩演讲。演讲期间，他阐释了自己的企业哲学，认为企业发展依附于国家发展，只有看清形势，高瞻远瞩，企业才能紧跟时代潮流，蒸蒸日上。

面对师弟师妹，他仿佛看到了当年那个年轻的自己，深情地说道："国家发展给民族带来自信，带来希望。在走向国外的过程中，雷曼将继续为'中国制造'树立良好的示范。"

大屏幕显示墙技术、多联式空调技术、纯生啤酒酿造技术……前文提到的许多华南理工校友企业开发出来的技术，都是从现代事物或者西方事物中汲取灵感。后工业时代，人们总是关注最新的事物，却往往将经典工艺淡忘。

然而，对于那些有雄心、有能力的企业家，总能找到办法将现代因素与中华经典工艺互相融合，制造出"土生土长"又颇具现代气息的中国品牌。事实上，在组建华南理工大学的支脉身上，就存在着这样一种理念：现代高等工程教育应该与传统工艺相结合。

1934 年 8 月，国立中山大学工学院在新落成的石牌校区开始描绘它的高等工程教育宏图的时候，广东省立勷勤大学也成立了。十二年后，广东省立勷勤大学工学院并入国立中山大学工学院，为工学院的发展注入了一股强劲的血脉。而广东省立勷勤大学工学院的前身可追溯到 1910 年 8 月成立的广东工艺局。当时，广东工艺局设立织染、化学、美术、陶器四个学科，招收艺徒，配额 500 名。到了 1918 年 1 月，广东工艺局附设工业学校，学制两年，"专为一般志愿从事工业者授以应用知识，并使补习普通学科，使其毕业后确能自立"。

亦学亦工的广东工艺局招收工艺方面的学徒，意图之一便是将西方的先进科学技术和其他理念引进织染、美术、陶瓷等传统工艺，制造出新的产品。可惜的是，这种美好的意愿没有能够很好地延续下来，特别是在 20 世纪上半叶，由于战火与各种社会动荡，不少工艺都处于停滞不前或者发展缓慢的状况。

以陶瓷为例,中国自古便是陶瓷之国。中国古代的陶瓷如此精美,传至西方后,成为上佳的装饰品和艺术收藏品。在英语中,如果把中国(China)的首写 C 变成小写字母,便是瓷器(china)的意思,足见在西方人眼中,中国与陶瓷的联系是何等紧密,中国在制造陶瓷方面的造诣是何等高深。然而,如今放眼全球的陶瓷市场,虽然我国的陶瓷产量以绝对优势占据第一,但在不少业内人士看来,我国陶瓷却因为缺乏原创设计和核心技术,没有得到世界同行和消费者的认同。

  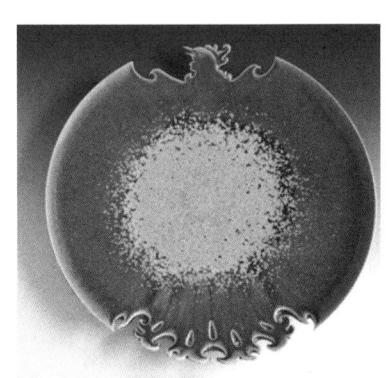

中国拥有悠久的陶瓷历史,并延续至今。图为华南理工大学教师在2015年第十届全国陶瓷艺术设计创新评比中的获奖作品

"中国不应丧失陶瓷之国的美名,中国陶瓷业需要倡导更多的原创力量。"从华南理工大学毕业后,这一理念一直在何新明的脑中徘徊,从未停下。1981年,何新明入职佛山市石湾东平陶瓷厂,成为一名普通的技术员。这家陶瓷厂便是后来的东鹏陶瓷的前身。在职期间,他通过自身努力,自考考入华南工学院函授班,在当时的"老机械"专业学习,成为一名华南理工人。

对于在职学生,每隔一段时间就集中在学校学习两个星期。在 20 世纪 80 年代的社会经济条件下,对于一个同时担负着家庭和工作的人来说,其学习过程是非常艰苦的。何新明肩负工作、家庭与学业的三重重任,学习压力要比一般的应届生大得多。尽管在这样的情况下,何新明丝毫不懈怠,而是更加珍惜学习深造的机会,付出了比常人更多的汗水。

读书期间,给何新明印象深刻的还有他的老师陈天泉。这么多年来,陈老师一直关心支持着何新明。当年老师对学生那种无微不至的关怀和谆谆教导至今还历历在目,每次回想起来,何新明都会有一种深深的感动。

带着扎实的功底和认真严谨的企业精神,何新明从华南工学院回到企业,誓将所学用于生产实践活动。1994年,佛山遇上大洪灾,何新明所在的东平厂被淹没,损失严重。在这样的情况下,何新明带领东平厂的员工团结一致,重建厂房。

对此,何新明回忆说:"在当时,窑炉全部被水淹没,所有人退守在一个小车间里。我当时对大家说,留得青山在,不怕没柴烧。只要我们这班人还在,我们就有希望重新建立我们的厂子,有人就有我们翻身的希望!"

果然,何新明当时说的这一番话经受住了历史的考验。他拿出当年求学华南工学院的韧性和科学精神,领导大家,让老员工有信心留下来,重新建立厂房,重新经营,为后来的东鹏留下火种。正如他后来常说的,如果当初大家解散了,就不会有今天享誉海内外的东鹏。

华南工学院的学习生活加上在东鹏做掌舵的日子,何新明得到了学术与实践的双重历练,为酝酿更大的成功做足了准备。同时,他在母校的工业精神中耳濡目染,培养了他的大局观,他把眼光放得比许多同行更远,心中已经默默地把目标瞄向了高端产品。

1995年,东鹏厂接手华泰陶瓷有限公司,通过引进领先设备,严把质量关,开始生产高档抛光砖。1997年,在东平陶瓷、东平装饰砖等5家企业基础上,东鹏陶瓷集团有限公司成立。很快,东鹏集团便扭亏为盈,东鹏牌产品享誉全国。凭着对事业的执着追求、对市场的洞察入微,何新明在随后短短数年间,不断缔造中国高档建陶市场的传奇,"天山石""银河石""砂岩石""珊瑚玉",每款产品的研发都推动了中国建陶科技与工艺的革新,引领装饰潮流,得到了消费者与设计师的青睐。

这些,对于何新明来说还远不足够。在他心中,始终装着铸造国际品牌的梦想,打破了国外同行对"中国品牌瓷砖只是低质、低值的廉价产品"的尴尬局面,还中国陶瓷一个自古以来就享有的美名。为了达成这个目标,他找到了方法,就是建立在中国深厚文化传统根基之上的创新。2006年,由何新明构图的"转势06、亮剑07、腾飞08"三年发展战略正式实施。何新明凭借近三十年对陶瓷文化的深刻把握,为东鹏品牌注入了中国五千年陶瓷文化的浓厚底蕴,东鹏陶瓷生活体验馆在全球亮相,树立了民族品牌弘扬中国历史文化的典范;东鹏卡拉拉、洞石、纳佛娜等产品成功打入全球高端市场,以创新与设计赢得了世界的尊敬。

在一次东鹏全国巡回展的启动式上,何新明这样概括东鹏致力于塑造中国原创品牌的美学与哲学:"创意设计、原创制造是一种创新活动,承载着人类对美好生活的孜孜追求,在文化、艺术与制造、科技的紧密结合中,发挥着引领时尚、推动发展的重要作用。所谓艺术,就是追求美,庄子说过'天地有大美而不言',我们淬炼了不同国家的人文图案之美,以及天空、流水、风沙这些自然之美,还有思想哲学的道之美,刚柔动静水火天地之美,呈现在我们的产品之中。希望通过东鹏'世界之美'的推出,带动中国原创设计风向。"

2013年,备受行业瞩目的意大利博洛尼亚国际陶瓷卫浴展览会CERSAIE(下文简称"博洛尼亚展")如期举行,东鹏瓷砖代表中国民族品牌,首次惊艳亮相展会,便一鸣惊人,备受世界瞩目。

享誉全球的博洛尼亚展被称为陶瓷行业第一大展,被喻为"未来陶瓷产品流行趋势的风向标",是众多国内陶瓷企业梦寐以求的展示舞台。此前国内参展企业以国外上市企业或与国外参展商合作等方式参与博洛尼亚展,由于主办方对国内品牌的限制,大陆陶瓷企业不曾有凭借民族品牌身份成功参展的机会。

这项零的纪录被中国东鹏瓷砖打破了,东鹏成为大陆陶瓷行业首家以民族自主品牌参加博洛尼亚展的陶瓷企业,它在展会上展出的皇家玉、亚马逊、世界洞石、健康宝等产品,让世界同行大为震惊。他们未曾料到中国陶瓷企业能够攻克意大利无法解决的难题,生产出其无法制造的产品。意大利著名设计师Enio毫不掩饰自己对于东鹏的赞美与羡慕,说道:"这可是意大利梦寐以求的产品啊!"

这一突破成为中国陶瓷赢得世界认可的重要标志,开启了中国陶瓷、中国制造发展史的崭新篇章。获得如此大的成功,当问及自己在哪些方面受到了华南理工的影响时,何新明说:"华南理工对我影响最大的有两点:第一是母校严谨的教学使我们练就了扎实的理论功底。当时老师们教学非常认真,学生学习也都很努力。第二是母校的精神鼓舞着我们,这个精神是所有华南理工人特有的,做事扎实、认真严谨,这样一种精神也是企业家必备的。"

何新明所说的做事扎实、认真严谨不是华南理工大学企业家校友的全部特质,但却是一个非常重要的特质。特别是在国产品牌的崛起过程中,在大生产的潮流中,正是这样一种精神鼓舞着这些企业家认真地对待每一件产品、每一个客户,精益求精,绝不疏漏。

一直以来,华南理工大学和它的前身一直是培养科技人才的重阵。这样一所大学培养出来的企业家们,有着做领军尖兵的意识。本章中提到的企业家只是他们之中的部分佼佼者,这些佼佼者集中代表着一种精神,那就是在一些人认为行业领域的国产品牌"不可能"、甘于现状的同时,他们肯下苦心,下血本,不畏逆境,不畏来自西方人的嘲笑,默默地坚持开发新技术、新产品。对他们来说,天上的浮云虽高,却迟早有一日会洒下甘霖。

所幸的是,母校已经赋予了他们知识与能力,培养了他们健全的人格与远见卓识。带着这些精神财富,他们崇尚科学,低调务实,攻克技术难关,提升行业整体国际地位。他们不仅帮助祖国摆脱与发达国家相比技术落后、生产落后的面貌，而且瞄准产业的最前端，向超越国际厂商发起冲击。在大工业的国际化浪潮中，他们怀着强烈的民族责任感，一次又一次地为祖国刷新行业纪录，铸就中国工业的梦想与荣耀。

朱江洪曾经对自己的企业提出这样的要求："我们要做的绝不是复制品，而是创造世界名牌"。

是的，"创造世界名牌"，这是一条饱含着酸甜苦辣、充满着责任与荣耀的漫漫长路，也是无数华南理工大学企业家校友为之奋斗不息的恒久愿景。

华园情深,芳草犹忆。纵使沧海桑田,不变的是对母校的眷恋和牵挂,而校友身上的创业精神已融入母校的血脉,在毕业生身上代代相传。他们是践行者与成功者,也是感恩者。

第八章 心牵红楼 梦绕木棉

红墙绿瓦，是华园的经典建筑风格。除了著名的"建筑红楼"外，校内还有许多 20 世纪 30 年代建成的老建筑，融合中国古典特色和西方建筑美学为一体，成为校园中的一大特色，承载着丰富的人文精神和历史遗产。

在这片历史悠久的土地上寒窗苦读，是华南理工校友企业家难以忘却的记忆。创业之初，他们也曾前途未卜，多少次想起红楼里挑灯夜读，激励他们不再惧怕艰险；人生得意，有朝一日衣锦还校，又多少次梦见木棉下同学年少，仿佛青春从未逝去。散布于校园四处的红楼与木棉花、凤凰花交相辉映，让整个校园的主色调呈现一片温暖的红色，正如从这所学校走出去的企业人，总是以一颗红心关爱母校、关注年轻一代大学生的成长。

近年来，在中国大学校友捐赠排行榜中，华南理工大学一直居于前列。这一方面反映了华南理工校友在事业发展上取得的成功，另一方面更反映了华南理工校友反哺图报、乐于奉献的高贵品质。同时，这些企业家校友们不时回到母校，将自己多年来拼搏奋斗的经验体会传授给学弟学妹，帮助他们更好地认识自己，坚定自己前行的路，激励他们不断迈向新的成功。

捐赠、回访、与学弟学妹一同探讨学术与人生……在外闯荡数十年，华南理工校友从未忘记母校的培育之恩，他们与母校之间的互动是新一代华南理工人成长源源不断的动力。正是靠着这种动力，以"博学慎思、明辨笃行"的校训和"厚德尚学、自强不息、务实创新、追求卓越"大学精神为代表的精神特质才得以传承不息。

江山代有才人出，而今，校友的这些优秀品质正在一代代华南理工人身上传承，不断有新的创业先锋涌现出来，他们在新的时代创造着属于自己的辉煌。

第一节
饮水思源忆恩情　慷慨解囊助母校

"落其实者思其树，饮其流者怀其源。"无论是已经从华南理工大学毕业多年，还是毕业不久，校友们都从未忘记自己的母校，没有忘记自己的恩师，没有忘记曾经在华园里的点点滴滴，他们或向母校捐助建设资金，或与母校合作共同培育学子，以各种方式为华南理工大学的建设和发展贡献着自己的力量。

正是有了校友们的慷慨解囊，华南理工大学连续多年位居中国大学校友捐赠排行榜前列，这些捐赠数字背后，是校友们对母校的浓浓深情。他们当中，有连续多年资助母校建设、设立奖助学金的校友，也有热心公益事业、乐善好施的慈善家，还有曾经的受助生角色转换为捐助者角色的励志人物。

在艾瑞深中国校友会网公布的 2015 中国大学校友捐赠排行榜中，华南理工大学以校友捐赠 3 亿元，位居全国第 8 位。据统计，在近几年的中国大学校友捐赠排行中，华南理工大学一直位居全国高校前列。

"华萌基金"是 2007 年 12 月由 TCL 集团董事长李东生和夫人魏雪捐资与中国青少年发展基金会共同设立的面向教育的专项基金，在校庆前的"华萌基金"助学捐赠仪式上，TCL 集团董事长李东生代表"华萌基金"将 3000 万元的支票交给学校。

李东生在发言中说："一日华工人，一生华工情。"这成了华南理工大学师生中流传的名言。而李东生却谦逊地说，他的捐赠相对于母校的恩情而言是微不足道的，他希望更多的华南理工人可以以各种方式支持母校的发展，这是他最诚挚的祝愿。

与李东生一样，同为 1977 级无线电专业的黄宏生和梁伟坦言，能够帮助别人才能给自己带来最大的快乐。2009 年，黄宏生、林卫平向母校捐设了一个电视机博物馆，这是我国首个以电视机产品收藏为主要内容的博物馆。第二年，他们又向母校捐赠 3000 万元人民币。"年轻的时候想的是创业赚钱、出人头地，但现在心态发生了变化，想帮助别人成功，再和别人一起分享成功。正如胡雪岩说的那句话，上半夜想别人，下半夜才想自己。帮助别人能给我带来更大的快乐。"

黄宏生认为，在解决温饱后，真正的快乐是能够帮助越来越多的人实现他们的快乐、成功和福祉，自己在这么多人的快乐里，也能让自己上升到更高的快乐。他对母校的捐赠正诠释了其对于快乐的理解。

作为德生通用电器制造有限公司董事长，梁伟为母校捐建了无线电电子博物馆。校庆期间，他亲自为馆内志愿者解说员、无线电协会会员以及来馆参观的返校校友讲述了馆内珍贵收音机背后的故事。面对馆内不同年代、形式各异的收音机，他如数家珍，娓娓道来。

"一个国家的强盛不仅要依靠经济实力，还要有军事实力、制度实力和文化实力，社会综合改革已经关系到中华民族复兴的伟大事业，我们有幸迎来了中国推进社会主义改革的第二波大浪。我们将以'国际视野、中国情怀'作为指导思想，把发展改革研究院发展成为具有深远影响力的政府决策思想库和领导力塑造培训基地。"

以上这段话是昊源集团董事长莫道明在向母校华南理工大学捐赠人民币 6500 万元时的讲话，而其中的 5000 万元将用于昊源集团与学校共建华南理工大学发展与改革研究院。该研究院是在我国经济与社会管理体制改革向纵深推进的过程中，

华南理工大学无线电电子博物馆（梁伟校友捐建）

为应对政府转型、公共服务体制、股份制经济、金融体制、收入分配制度等一系列重大改革和发展问题顺势成立的，旨在以严谨科学的态度、实证分析为主的研究方法，对我国经济和社会发展做系统和科学的深入研究，构建起社会科学研究基础数据库，提出具有现实针对性和可操作性的政策建议供政府决策参考，成为国家和地方政府发展与改革提供决策咨询服务的高级智库。

作为一所以工见长的高校，华南理工大学在综合性研究型大学的建设征程中，发展医科是一直以来的夙愿。2014年9月12日，由深圳宝能投资集团有限公司投入巨资支持建设的华南理工大学医学院正式成立。而在此前，宝能集团董事长姚振华已先后在华南理工大学设立了100万元的"宝能爱心基金"、30万元的"宝能艺术基金"、100万元的"工商管理学院奖教金"、100万元的"图书基金"。2013年11月10日，在华南理工大学深圳校友会理事就职仪式上，姚振华接任会长并捐赠2000万元。

美国AEM公司董事长张海明是恢复高考后华南理工首届招收的42名硕士研究生之一，数十年来，张海明虽然身居海外，却始终情系祖国，特别是在支持国家教育事业方面作出了重要的贡献。张海明、蔡丽伉俪先后在国内捐资扶助十几所学校，还深入到贫困山区，为当地小学捐钱捐物，奉献爱心。他们向华南理工捐赠1000万元用于支持母校发展。张海明还以"怀念与感恩"为题，回忆起在大学期间担任跨栏队队长的时光，回忆起同学间互帮互助的情感，他希望学弟学妹们能够成为全面发展的人才，报效祖国，回报社会，回馈母校。

同样在海外创业的泰国王氏宗亲总会理事长王杏生常言师恩难忘，在他心中，永远不会忘记"今天我以母校为荣，明天母校以我为傲"的豪言壮语。2013年，在他入读华南理工大学五十周年之际，向母校捐赠人民币500万元，用于支持化学与化工学院大楼的建造。

数不清的爱校荣校者，时刻支持着母校的发展。他们饮水思源，时刻牢记母校的深情厚谊，在他们功成名就之时，不忘竭力回馈母校：原格力集团董事长朱江洪、罗少娟校友捐赠600万元设立新生助学金，广东马可波罗陶瓷有限公司董事长黄建平捐赠人民币500万元支持校园基本建设，珠海和佳医疗设备股份有限公司董事长郝镇熙捐赠价值200多万元的医疗设备以改善学校师生的就医条件……这个捐赠者的名单，很难用只言片语说完。

2005年11月20日下午，华南理工大学风景秀丽的东湖之滨，新落成的励吾科技楼在阳光中巍然耸立，熠熠生辉，醒狮在这里欢蹦乱跳迎接来自四面八方的嘉宾。大楼前宾客如云，人声鼎沸，气氛热烈。

励吾科技楼是香港互太纺织控股有限公司董事局永远荣誉主席蔡建中捐资1000万港币所建。蔡建中表示："滴水之恩，涌泉相报，华南理工大学让我懂得了思考，懂得了人生。捐助母校我只是个领头羊，我们每个校友都有共同的愿望——希望华南理工大学更好，我相信会有越来越多的华南理工大学校友回报母校。"其拳拳爱

位于华南理工大学五山校区中心区域的励吾科技楼

国之心、浓浓思乡情怀溢于言表。

蔡建中把自己的成就归功于母校的培养，并不断把成功的经验和果实与母校分享。他一直关心和支持着华南理工大学的发展，与母校保持着紧密联系。1979年，蔡建中曾带领香港校友一行13人回校访问，得到时任华南工学院院长张进的接待。二十世纪八九十年代，蔡建中在华南理工大学设立了科研和体育等基金，支持学校轻化学科建设、电信学院学生奖学金和文体活动中心建设。1994年《华南理工大学史》面世，蔡建中爱不释手，一下子就定购100本，以做送友佳品；母校老教授夏昌世以多年心血凝结成的著作《园林述要》出版缺乏资金，蔡建中得知后，主动承担了全部出版经费，并在多位校友的全力支持下，使这本珍贵著述在1995年校庆日与读者见面。

2011年11月，蔡建中校友夫妇再度向母校捐资2000万港元用于校园基本建设，并设立了支持教师教学与科研创新实践的资助基金和奖励品学兼优学生的奖励金。当问到蔡建中何以如此热爱教育、热衷服务社会时，他的回答是——施比受更有福。"四十年织织复织织，织就彩虹几度，廿六载信心望爱心，心愿桃李满园"正道尽蔡建中一生之理想。

蔡建中等资深企业家回馈母校的行为体现了他们对于"施"与"受"有着深刻的理解，而青年创业者蒲少涛由于其特殊的经历，对"施比受更有福"有着属于他自己的感受。

2005年，蒲少涛考入华南理工大学，成为一名光荣的国防生。踌躇满志之时，却在2006年年底查出患有尿毒症。病魔并没有挫败蒲少涛的斗志，虽然因为身体原因不得不放弃了国防生资格，但他凭借顽强的意志，与病魔斗争，还自学了计算机编程。他的事迹深深感染着每一个人，并获2007年度"中国大学生自强之星"。

虽然得到了学校和师生的热情帮助，但好强的蒲少涛一直想依靠自己的双手重新站起来，强起来。毕业时，虽然有好几个不错的软件开发类岗位向蒲少涛抛出橄榄枝，但最终还是因为蒲少涛的身体原因回绝了他，蒲少涛由此断了找工作的念头。

"起初，创业就是为了生存。"毕业时，恰逢省里正支持大学生自主创业，对于符合条件的学生可以提供一笔启动资金。为此，蒲少涛拿到了10万元的创业启动资金。最初靠承担网站设计与维护项目，"光杆司令"蒲少涛忍受着病痛的煎熬，最终却发现并没有赚到钱。直到在电商领域开辟新路，注册成立了清新乐友家居用品有限公司，目前由他经营的天猫网店年营业额已经达到2000万元。

2015年5月19日，蒲少涛不声不响地给华南理工大学基金会账号汇款20万元，希望用于重病学生的帮扶。对于恩情似海的母校，他也终于能用自己引以为傲的方式给予回报。他说："在我最困难的时候，学校和社会给了我巨大的关爱和帮助，现在我有了一定的能力，要将这份关爱和帮助传递下去。"

第二节
重访华园续书缘　回首长路论人生

每一位成功的企业家背后都经历了难以计数的辛酸与苦楚，每一个品牌的创立背后都有着常人无法看到的挫折与困难。对在校的学生而言，校友的经历本身就是一笔宝贵的财富。

从华南理工大学走出的这些企业家校友经历过风雨，也见到了彩虹，他们饮下失败的苦涩，也品味着成功的甘甜。功成名就的他们，不忘将自己的经历、将自己的所思所想，告诉自己的学弟学妹，为他们前行的道路拨开迷雾，指点迷津。校友报告会、企业家论坛、校友讲座，等等，总是络绎不绝地在华园举办，校友的这些活动激励着一代代的华园学子勇往直前，再创辉煌。

对于华南理工大学的在读学生来说，黄宏生是个传奇式的人物。这位"大师兄"在20世纪80年代就已是享受副厅级待遇的国有企业高管，却转身辞职下海，拼搏十六年后带领公司跻身中国彩电三强，此后仍宝刀不老，在二次创业中从"家电佬"变身"汽车佬"。

当然，"大师兄"也没有忘记师弟师妹们，只要有机会就现身说法，和他们畅谈创业。"因为难，所以成功"，2012年11月，黄宏生以此为题回母校做报告，向华南理工师生讲述自己的人生经历。

在报告中，他谈到创业艰难百战多。当初，从生产遥控器，到丽音解码器，再到彩电整机，他经历了一次次失败。但另外两家企业的倒闭，却为他带来了极为缺乏的人才，使他们成功地研发了新产品。然而，各种困难接踵而至，让他不断做出新的选择：从没有生产许可证到"逃生"求存，从代工到自主品牌，从单一生产到"再造创维"实现多元布局。这一连串的从山穷水尽，到柳暗花明，让他对自己的经历做了概括：因为难，所以成功！

"搜房网"董事长莫天全结合自身经历，讲述了从读书到创业，再到守业的经历，他鼓励学生要干一行，爱一行，要把学习放在第一位，人才永远是最重要的资产。"社会并不完美,但也正是因为它的不完美,才留给年轻人机会,留给我们空间去改造它,从而实现自己的理想、自己的价值。不要因为一些社会的丑恶现象而去回避,只有做好受挫的准备,才能成功。"莫天全激励着师弟师妹们,一定要以学习为主,专注于擅长的技能,无论选择如何,都要坚持梦想并为之努力。

"雄关漫道真如铁,而今迈步从头越。"这是深圳雷曼光电科技股份有限公司董事长李漫铁对自己名字的解读。回忆在华南理工大学学习的日子,李漫铁对母校充满了感恩之情,无线电专业的学习既让他养成了严谨的做事习惯,也为他今后的事业奠定了基础。

"创业中的波折与挫折是别人看不到的,只有创始人才会体会到其中的酸甜苦辣。"李漫铁说,"我们要感谢生活中各种不一样的经历,因为这些都会让我们收获成长。"

对于即将步入职场的大学生来说,如何完成从学生到职场新人的角色转变?如何让在基层的工作成为迈向成功路上的垫脚石?李漫铁告诫同学们:"做事严谨,注重细节"。他说自己在雷曼光电公司内部就进行了"细节风暴",通过让公司员工写下公司存在的细节问题,并一一改善,从而使公司运作得到很大的改善与提高。"勇于承担责任,勇于担当","做一个有主见,有建设性的意见的下属","为人正直,遵守职业道德"……这些职场经验,让学子们受益匪浅。

美国AEM控股集团董事长张海明以"中国海外学子的美国之梦"为题,介绍了自己从怀揣300美元留学美国到3万美元创立公司,再到今天打造出中国海外留学生创立、拥有和领导的具有世界品牌、跨国经营的高科技制造企业的经历,向大家讲述了一个中国海外学子高科技创业之梦的实现过程。张海明启发同学们要珍惜大学的学习机会,调整学习态度,热爱自己所学的专业,在求学期间做好充分的知识积累,为自己的职业生涯、创业生涯做好准备;他建议青年人要忠于自己的爱好,坚持自己的梦想,寻找自信,实现价值。

创新,可谓是华南理工人一脉相承的精神核心,是其做人、创业、立身之本。无论是眼光独到、敢闯敢拼的杰出校友,还是勇于创新、精益求精的科研者,都是创新精神的真实写照。

华南理工大学还经常组织校友开展专题论坛、报告会,让师生校友在无间的交流中碰撞思想的火花,共同收获成长。

2012年,华南理工大学六十周年校庆期间,学校举行了一场特别的校友论坛。为提高品牌竞争力,探寻中国企业由"中国制造"向"中国创造"的转型之路,探讨中国品牌成长、发展与创新的经营法则,挖掘中国品牌独特的竞争力与核心价值，广州珠江啤酒集团有限公司董事长方贵权、广东东鹏陶瓷股份有限公司董事长何新明、真彩文具股份有限公司董事长黄小喜、圆方软件公司及尚品宅配董事长李连柱和广州好迪集团有限公司董事长黄家武，以"品牌竞争力和品牌经营之道"为主题回到母校谈经论道。

方贵权认为在激烈竞争的啤酒市场环境中，品牌附加价值是珠江啤酒的必争范畴，珠江啤酒围绕着"新、快、纯、真"的企业价值观塑造出珠江啤酒的中高档品牌形象，使珠江啤酒家喻户晓；而何新明则认为品牌的核心竞争力在于品牌文化，东鹏陶瓷始终将做民族品牌、做行业内最好品牌为企业愿景，在品牌发展过程中，东鹏一刻也没有停歇对品牌文化的思考，坚持新东方文化，最终成就了东鹏的世界之美。

在黄家武眼里，品牌价值力的最高境界是由企业的社会价值来体现的，所以，"回报社会，关爱社会弱势群体，构建和谐社会"将永远是好迪的品牌价值力来源。

黄小喜强调品质是品牌持续发展的原动力，是一个企业家的良心，是品牌国际化的基础。因此，"造国际一流产品，创国际一流品牌，做国际一流企业"的目标鼓舞着真彩人在文具行业里打造着中国人的世界名牌。

李连柱认为尚品宅配的核心竞争力来源于不断地创新，品牌创新在尚品宅配的具体表现则是大规模定制和免费设计的服务模式。这种创新，在李连柱看来是今天中国品牌突围的一个关键。

在经济全球化的潮流中，民族品牌永远是一个国家先进生产力的缩影和支撑，是国家先进精神文化的载体和国家竞争力的体现。民族品牌的振兴是企业家和营销者的时代使命，是中国发展永恒的话题。华南理工人作为其中重要的一分子，主动担负起了铸造民族品牌的历史使命。

而作为创业新锐，新时代的创业者也有着自己的体会。

2015年，在华南理工大学"对话校友"青年创业先锋活动中，1998级校友、广州迈普再生医学科技有限公司董事长袁玉宇，2006级校友、广州优蜜信息科技有限公司总裁陈第和2007级校友、广州劲诺新型材料科技有限公司总经理胡云睿三位校友分享了自己的创业体会。

陈第分析说，在创业之前，应该先想清楚创业是为了什么。"创业应该是能给社会带来价值，可以推动社会进步的，如果目的只是为了个人生计，几年后你还是这样，对社会进步没有太大意义。"

袁玉宇表示，要首先考虑清楚自己是否适合创业，因为"创业很累，充满着挑战和不确定性,要敢于冒险才行,如果你比较喜欢安逸,也许你就并不适合创业"。"要有挑战精神,美国东海岸的羊因面对着狼这一生存挑战而变得健壮,得以繁衍至今"。其次才应该考虑团队组建、资金筹备等问题。

胡云睿指出,创业前还应考虑项目的选择问题,要顺势而为,选择与当前社会形势相切合的创业项目。

三位青年创业者都不约而同地表示,学习是积累的前提。陈第、袁玉宇两位校友都十分喜欢到图书馆去学习。陈第说:"我经常去图书馆自习,这为我后来创业打好了基础。我在学校参加的一些创新比赛也让我在团队的磨合、融资上积累了一些经验"。胡云睿也说道:"上课的时候一定要认真听,掌握好上课的内容。"袁玉宇表示,除了自己的专业知识外,还应该掌握财务管理、团队管理等方面的知识,这就要求创业者必须拥有快速学习的能力。

青年创业者回到母校谈创业体会

对于如何组建团队,胡云睿引用孟尝君结交鸡鸣狗盗之徒的典故:"孟尝君将3000食客这样一个庞大的团队管理好,足见拥有宽阔的胸怀的重要性。"袁玉宇说:"团队成员之间应该是互补的,同时也应该是团结的,我们既要能共患难,也要做到能同富贵。"陈第校友则对自己的团队怀着感恩的心:"在创业初期,团队的成员还要顶着压力去说服家人、朋友让自己去'冒这个险',在后来公司遇到瓶颈时也得益于团队成员间齐心协力的合作。"

这些年轻的创业者非常重视团队的建设，这不仅是从华南理工大学的血脉中一脉相承，还因为学校给同学们提供了感情与合作的土壤。正如他们的大师兄、尚品宅配创始人李连柱总结的一样："要想谈合作，先得建立信任关系。而同学之间是最容易产生信任的。"

　　校友们分享的创业历程、创业心得和经验开拓了在校学生的视野，加深了他们对创业的理解和认识，对在校学生，特别是那些有创业想法的同学们具有极为重要的启发意义，指引着他们在创业的大潮中劈波斩浪，扬帆致远。

第三节
创业基因驻血脉　青年才俊谱新章

　　在华南理工大学，创新创业蔚然成风，成绩斐然。在广东省创建大学生创新创业教育示范学校活动中，华南理工荣获首批"广东省大学生创新创业教育示范学校"称号。

　　华南理工大学着力实施"三创型"（创新、创造、创业）人才发展战略，着力培养学生创新意识和适应创新要求的能力，创造思维和开展创造活动的能力，以及创业激情和实现创业的能力。特别是学校通过创新人才培养模式，完善创业教育、创新研究、创业孵化和实践管理四大平台，以丰富多彩的创业活动为抓手，构建了具有华南理工特色的创新创业教育体系。

　　一方面，健全组织管理体制，创新人才培养模式。2011年，学校依托工商管理学院成立了创业教育学院，集中校内外资源，更好地培养个性化创业人才和开展创业教育理论研究。同时，通过科教协同、校企协同、校地（区域）协同和国际协同等方式，构建协同育人体系，多方引进资源，全方位提升学生的创新创业能力。

　　另一方面，构建协同育人体系，创新人才培养模式。首先是科教协同，引入学科资源，培养学生创新精神。近五年来，学校面向科学技术前沿和经济与社会发展的热点问题，鼓励本科生参与教师的科研项目、科研实验室和科研团队，除

华南理工大学创业教育学院石碑

了教师的科研项目经费投入外，投入学生课外科技创新活动经费近3000万元，立项项目6000多项，参与科研创新活动的学生有4万多人次。其次是校企协同，引入外部资源，培养学生创新实践能力。华南理工大学与广东核电集团、腾讯、南方航空等知名企业组建了校企联合培养创新班。学生在学校学习理论，毕业前一年在企业学以致用，不仅增强了学生的社会适应性，而且更有针对性地满足了企业用人需求，降低了企业的人才培养成本。再次是校地（区域）协同，引入区域创新资源，培养复合型应用型人才。最后是国际协同，引入国（境）外优质资源，构建国际化人才培养模式。目前学校已与国（境）外70多所高校建立了包括联合培养学位项目、交换生等多种形式的学生联合培养计划，合作高校中不乏美国罗格斯州立大学、英国爱丁堡大学、澳大利亚新南威尔士大学、新加坡国立大学及中国台湾大学等国际知名学校。

除此之外，学校还大力建设创新创业平台，完善创新创业服务体系。通过面向全校学生推广创业通识教育、面向有创业意向学生开设针对性课程等方式，建设创业教育平台，培养学生的创业意识；通过"百步梯"攀登计划、"学生研究计划（SRP）""国家级大学生创新创业训练计划"等方式，搭建创新研究舞台，发掘潜在创业项目；通过创新创业实训基地、创业园、创业岛等方式，建设创业孵化平台，促进学生创业实践；通过筹建"梦想启航"网大学生创新实践管理平台，对每位学生的实习实训进行动态跟踪，整合创新创业资源，搭建实践管理平台。

长期以来，学校支持学生参加国内外科技创新活动，取得了令人瞩目的成绩。2004年以来，学校学生在各类科技创新竞赛中获得国际级奖项439项、国家级奖项1939项，先后有7位学生获"中国青少年科技创新奖"，在全国高校中名列前茅。在近六届"挑战杯"全国大学生课外学术科技作品竞赛中，学校4次获得优胜杯，并进入前10名；在历届"挑战杯"中国大学生创业计划竞赛中，学校共获得5项金奖、5项银奖、5项铜奖。

凭借完善的创新创业教育体系，学校学生创新能力不断增强，创业热情高涨，历届毕业生中均有诸多学生成功创业，涌现出一批具有社会责任感和突出的创新才能的新生代企业家。

2013年，《福布斯》中文版3月刊第二次推出"中国30位30岁以下创业者"名单，华南理工大学2010届校友陈第上榜。陈第在华南理工大学计算机专业就读期间就开始与同学李展铿等共同创立了广州优蜜信息科技有限公司，其核心业务"有米广告"，成为国内第一家移动应用广告平台。

创业初期，公司面临着方方面面的困难，员工的工资、办公室的租金……各种

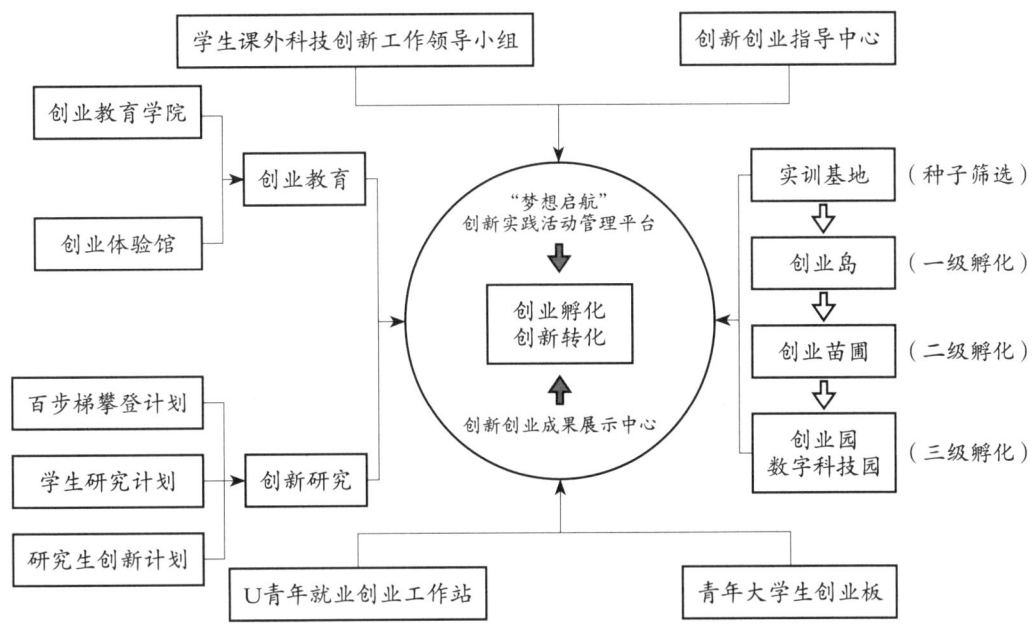

华南理工大学创新创业教育体系示意图

各样的资金压力全压在陈第身上。解决资金问题,迫在眉睫。三个月内,陈第奔波于北京、上海等大城市,希望能谈下一笔风险投资。当得知苏州正在组织一场创业大赛,冠军奖品是 300 万元的投资时,他孤身一人前往。但最后,陈第并没有得到冠军,他漫无目的地走了几公里的路,"有种仰天长啸和大哭一场的冲动"。

久经考验后,公司的业务慢慢开始得到认可,成为淘宝线上唯一的合作伙伴,投资人也主动找上门来,在 2011 年初给了他们 1000 万元的天使投资。截至 2014 年,有米共获得 3 轮近亿元人民币的融资,迅速成长为国内最大的手机应用广告平台之一,覆盖全国 600 多个城市近 6 亿消费者。

而今,他们创立的优蜜移动已是全球领先的移动营销服务商,业务覆盖了移动广告、游戏联运等移动营销关键链条,具备强大的移动渠道资源优势。在首届中国"互联网+"大学生创新创业大赛中,他们荣获亚军,并受到国务院副总理刘延东的接见。2015 年 11 月,优蜜移动挂牌新三板,成为国内最年轻的上市公众公司之一。

扎实的技术是攀登的基石。与以前的师兄师姐相比,如今的华南理工大学教学条件更好了,教学设备更完善了,在校生拥有更加得天独厚的学习条件,像陈第这样年轻有为的华南理工毕业生,近年来不断涌现。比如一位博士毕业生,利用自己的科学发明,带领 20 来人的创业团队,一年创造的产值达 3000 万元,他就是广州市芬芳环保科技有限公司总经理胡大为。

胡大为在本科和硕士阶段曾经历两次"跳级",发表论文20多篇,申请实用新型专利2项,各提前一年获得了学位。胡大为的创业正是基于自身超强的研发能力,他发明了一种神奇的"高效煤炭催化剂",通过特殊的催化作用,使煤炭能发出更多的热量。"做科技型创业公司,整合社会资源、充分发挥自身长处很重要。"说起创业心得,胡大为这样说。

对有意通过技术发明创业的年轻人,技术出身的胡大为建议必须掌握最核心的技术,这样才能在激烈的竞争中站稳脚跟,确立优势。正是在这样的理念下,胡大为带领公司专注于研发,专注于攻关核心技术。目前,公司已推出了"掘能"牌化学干预煤炭催化燃烧节煤剂系列产品,该系列产品适应于所有的燃煤场合使用,对煤种的适应性非常广泛,对推进我国节能减排事业的发展,具有重要的意义。

"假如我现在是文盲或一无所有的流浪者,我该怎么办?首先我会考虑自己的生存问题,因此需要找一个地方去做工,解决了生存以后,我就立即要寻求发展了。如果在农村,我会考虑特种养殖业,比如种植蘑菇,或者高附加值的木耳,通过网络把产品销售到中心城市;如果在城市,我也会选择适合自己的事情,实在找不到好的事情,那我就选择捡破烂吧,慢慢地建立起自己的废品收购中心和资源回收再利用公司。"这是在胡云睿日记中所写的。

胡云睿的专业方向是化学工程专业。读本科时,他就组织家庭贫困的同学做牛奶订购工作,最多时团队成员达到四五十人,一天订单金额甚至能达到6万元。

一次偶然的机会,胡云睿了解到一个较好的黏合剂产品,市场相当可观,但国内基本靠进口。他一下子就发现了其中的商机:"我的专业方向是化学工程专业,难道我不能做出价廉物美的替代产品吗?"

创业初期,为了提高产品检测数据的准确性,胡云睿几乎跑遍了广州所有的检测所。经过几百次的实验做样品,反复检测,产品的黏合度、固化时间、环保等指标终于达到了要求。

2008年4月,胡云睿的公司接到了第一个订单,虽然只有3000元,但是胡云睿和他的团队成员信心大增。紧接着钉胶、环保万能胶、UV胶等产品开发成功。经过一年多的艰苦创业,他们生产的黏合材料系列产品替代了国外的同类产品,在辐射固化技术的应用领域达到国内领先水平。

目前胡云睿成立了4家全资或控股的公司,正在向着"绿色环保黏合材料制作专家"和"黏合材料综合解决方案最佳提供者"的目标努力。

自20世纪90年代末产生有关中国教育的大讨论以来，发散式思维、创新思维在大学中蔚然成风，从某种程度上促生了更多"技术天才"的诞生。这些"技术天才"做着人们想不到的事情，积极参与新事物，让电影版的人生奇想变为现实版。

从中学捣鼓炸药，到以体育特长生的身份进入大学，学习做火箭的专业知识，再到毕业后创办中国第一家私人火箭公司，90后的胡振宇狂热地追求着他的火箭梦，经历堪称是一部励志大片。

胡振宇是华南理工大学2014届本科毕业生，他喜爱化学，爱好研究炸药和火箭。大学四年，他一次次发射火箭失败，终于在2013年7月，胡振宇和他的团队完成了第一枚探空火箭的独立研制，并在内蒙古科尔沁左翼后旗成功发射。

2014年1月，胡振宇在深圳注册了国内第一家从事系统航天产品制造的民营公司——翎客航天。虽然成立了公司，但胡振宇却租住在城中村里，没有固定收入，甚至通过每个月钢琴陪练赚取1000多元的基本生活费。但他始终坚信，火箭服务民间化，这是整个行业的趋势，也是他的梦想。不懈的坚持后，公司终于收到了几百万元的投资，有了第一笔订单。

虽然面临着资金和技术上的巨大压力，但无畏的胡振宇不曾想过放弃，他闯入了一个庞大而未被开发的领域。国外已有多家航天领域私营公司，但在我国，翎客航天还是首家私营公司，胡振宇也因此成了第一个吃螃蟹的人。

在大众创业、万众创新的时代背景下，华南理工大学抢抓机遇，勇立潮头。2014年12月，华南理工大学大学生创新创业孵化基地正式揭牌，基地充分发挥丰富的校内高层次技术人才及广大创业成功的校友资源优势，构建双导师制度，在专业技术和商业运营方面给予进驻团队有力指导，为进驻团队提供场地设备、实验环境、培训辅导等服务。

大学生创新创业孵化基地

创业体验馆

在入驻大学生创新创业孵化基地的创业团队中，声牙科技有限公司颇为引人注目。该公司是由华南理工大学本科生邓佳鸣在多次创业的基础上，于2015年初创办的一家创新创业型企业。声牙科技自主研发的微波脉冲技术，是一种革命式近场通讯技术，拥有数据传输、多屏互动、近场交互等能力，通过近场微波构建智慧化声联网，将人与人、人与物、物与物无缝联接，是物联网时代的核心发展技术。声牙科技有限公司已完成数千万级别融资，目前公司估值2.4亿元。

近年来，华南理工大学创新创业教育体系日臻完善，学生的创新意识、创造思维、创业激情和创业能力得到进一步提升，历届毕业生中均有诸多学生成功创业，一批批具有社会责任感和突出创新才能的新生代企业家得以不断涌现。

从早年毕业的工科生自发摸索创业，到学校建设综合性大学，全面提升学生的综合素质，再到今天形成完善的大学生创新创业教育体系，华南理工大学的发展与毕业生创新创业发展相辅相成，互勉共进。而本书中的无数个创业故事也已经证明：华南理工大学的创新创业教育是卓有成效的，而这些丰硕的成果，也体现了学校对人才培养的责任追求，对报效家国的使命担当。

文明社会的本质是不断超越自我，发展科学、富民强国是一项没有尽头的历史使命。对于华南理工大学来说，如何依托学校的历史积累和发展优势，持续为国家建设输送各类人才，始终是一个值得探讨，需要不断丰富经验、不断改进完善的课题。

在这条道路上，更加有力、更富时代精神的强音即将接踵而至。

后记
AFTERWORD

穿行于华南理工大学60余载的时光隧道，不计其数的企业家校友肩负使命，紧扣时代脉搏，投身经济社会建设大潮，取得了光辉灿烂的成绩。他们的创业音符，时而娓娓道来，时而激昂澎湃，时而蓄势待发，时而稳步前行，当历史的接力棒传递到新一代华南理工学子手上，新的乐章已经开启，动人的旋律仍将继续……

本书提及的数十位企业家校友，只是万千华南理工大学企业家校友的缩影，但他们如同一片片树叶，彰显着生命的激情与张力；如同一滴滴露珠，折射着太阳的光辉；如同一盏盏明灯，为新生代的创业者指引道路。我们希望，透过这些企业家校友的创业故事，让社会各界更加全面地认识华南理工大学企业家校友这一群体，激励新时期的创业先锋以非凡的智慧、超群的胆识和坚强的意志，开创更加宏大的事业，为国家富强、民族振兴、人民幸福贡献更大力量。

编者

2016年5月